I0140656

L'AFRIQUE

ET LA

CONFÉRENCE GÉOGRAPHIQUE

DE BRUXELLES

PAR

ÉMILE BANNING

MEMBRE DE LA CONFÉRENCE

AVEC UNE CARTE

BRUXELLES

LIBRAIRIE EUROPÉENNE C. MUQUARDT

MERZBACH & FALK

LIBRAIRES DE LA COUR

45, RUE DE LA RÉGENCE, 45

MÊME MAISON A LEIPZIG

1877

TOUS DROITS RÉSERVÉS

L'AFRIQUE

ET LA

CONFÉRENCE GÉOGRAPHIQUE DE BRUXELLES

TYPOGRAPHIE DE Mlle WEISSENBRUCH

IMPRIMEUR DU ROI

RUE DU POINÇON, 45, A BRUXELLES

AFRIKA

gez. von F. v. Stülpnagel.

Neue berichtigte Auflage.

Maasstab = Karl Gr.

ATLANTISCHES MEER

Die Azoren

Canarische Inseln

Wendekreis des Krebses

S A H A R A

HOCH AFRIKA

Busen von Guinea

Aequator

INDISCHES MEER

Die Seychellen

BRASILIEN

MITTELLÄNDISCHES MEER

Die Maskaren

Wendekreis des Steinbocks

GROSSES AUSTRAL-MEER

OESTERREICH

TURKEY

ARABIEN

Inset:

MITTELLÄNDISCHES MEER

ALGIER

Erklärung

L'AFRIQUE

ET LA

CONFÉRENCE GÉOGRAPHIQUE

DE BRUXELLES

BIBLIOTHÈQUE NATIONALE
R.F.
IMPRIMÉS

ACQUISITION
N° 69,663

PAR

EMILE BANNING

MEMBRE DE LA CONFÉRENCE

AVEC UNE CARTE

BRUXELLES
LIBRAIRIE EUROPÉENNE C. MUQUARDT
MERZBACH & FALK
LIBRAIRES DE LA COUR
45, RUE DE LA RÉGENCE, 45
MÊME MAISON A LEIPZIG

1877

TOUS DROITS RÉSERVÉS

TABLE DES MATIÈRES

PREMIÈRE PARTIE.

L'AFRIQUE AU POINT DE VUE HISTORIQUE, PHYSIQUE ET SOCIAL.

SECONDE PARTIE.

LA CONFÉRENCE GÉOGRAPHIQUE DE BRUXELLES.

APPENDICE.

PRÉFACE

En publiant cet écrit, l'auteur a voulu servir, dans la mesure restreinte de ses forces, une œuvre qui honorera, dans l'avenir, l'esprit de ce siècle, et qui recèle, à ses yeux, la source d'abondants bienfaits pour des branches diverses de la famille humaine, les plus avancées comme les plus arriérées dans les voies de la civilisation. La fonction spéciale qu'il a eu à remplir au sein de la Conférence dont cette œuvre procède, lui a permis peut-être d'en saisir de plus près la pensée et les tendances, de déterminer avec quelque sûreté la portée de ses actes. Il sent toutefois le besoin de déclarer qu'en s'acquittant de cette tâche, il n'a consulté et exprimé que des convictions personnelles. Les considérations qu'il présente, les appréciations qu'il émet, n'engagent aucune responsabilité autre que la sienne, et il accomplit un devoir en la revendiquant tout entière.

Bruxelles, le 10 novembre 1876.

INTRODUCTION

Vers le milieu du mois de septembre de cette année, s'est réunie au palais de Bruxelles, sous la présidence et en vertu de l'initiative du Roi des Belges, une Conférence internationale, appelée à préparer la solution d'un des plus grands problèmes que la science et la philanthropie aient agité dans ces derniers temps. Par la nature de son objet comme par le caractère exceptionnel de sa composition, cette assemblée devait éveiller l'intérêt du pays et de l'étranger. Quelles que soient en effet les préoccupations de l'heure présente, c'était une grande et noble pensée que celle de convier les esprits à s'en distraire un moment, à concentrer leur attention sur un intérêt général et supérieur de l'humanité. Pour

2

le regard qui, des hauteurs de l'histoire, en embrasse
le domaine terrestre, bien des clartés soudaines
illuminent l'horizon des nations et révèlent à leur
activité des champs inexplorés. Quand les vieilles
nations de l'Europe, impatientes de leurs étroites
frontières, élargissent incessamment le cercle de
leur action civilisatrice, comment n'être pas frappé
du pressentiment des destinées prochaines d'un
vaste continent, trois fois grand comme l'Europe,
habité par deux cents millions d'hommes et tou-
chant, pour ainsi dire, par son rivage septentrional,
à l'Espagne, à la Sicile, à la Grèce? Quatre siècles
ont suffi pour couvrir les deux Amériques d'États
civilisés et prospères; l'Inde est devenue une province anglaise comme l'Asie centrale devient une
province russe; le Japon prend l'aspect d'un État
européen; la Chine s'ouvre, par la force des choses,
aux efforts de la diplomatie et du commerce;
l'Australie et la Nouvelle-Zélande reproduisent aux
antipodes quelques unes des institutions politiques
et sociales de l'Angleterre.

Tout le temps qu'a duré cette merveilleuse conquête, l'Afrique est demeurée ensevelie dans sa solitude, étendue, comme un gigantesque ilote, aux pieds
de l'Europe indifférente. Aucun essai considérable de
colonisation ou de propagande n'a été fait, depuis le
XVIe siècle, pour pénétrer les secrets de sa condition
physique ou sociale, pour l'entraîner dans ce large
et puissant courant qui tend à associer de plus en

plus, dans une tâche commune, toutes les races dispersées du monde. La génération vivante a vu dans sa jeunesse la carte de l'Afrique intérieure aussi vide, aussi nue que celle du pôle. Cette destinée d'un continent qui a vu naître sur son sol la plus ancienne civilisation de la terre, qui avait donné à son heure l'impulsion à l'Asie et à l'Europe, restera dans l'avenir une énigme de l'histoire. Quatre cents ans après Bartholomé Diaz et Vasco de Gama, la conformation géographique du continent africain, l'histoire et les mœurs de ses populations demeuraient couvertes de profondes ténèbres. Sur le littoral, c'est à peine si les nations de l'Europe avaient noué d'autres rapports avec les indigènes que ceux que créait l'abominable pratique de la traite des noirs, et au nord, le Sahara semblait une barrière infranchissable, qui condamnait éternellement à l'isolement et à l'infériorité les peuples qu'il abritait par ses dangers et ses terreurs.

Une ère nouvelle s'est enfin ouverte pour cette terre de servitude et de mystère. Le voile épais dont l'ignorance et le préjugé avaient enveloppé l'Afrique, se déchire de toutes parts. D'intrépides voyageurs, de courageux missionnaires la sillonnent, depuis vingt-cinq ans, du nord au sud, de l'est à l'ouest; bien des étapes sont marquées par des tombeaux; mais le dévouement à la science comme à l'humanité brave et surmonte tous les obstacles. Chaque année ajoute une province à nos connaissances, et de profondes percées s'ouvrent dans toutes les directions sur l'intérieur du continent africain.

C'est ce noyau de l'Afrique centrale, vaste région qui s'étend, des deux côtés de l'équateur, sur une superficie approximative de quatre millions de kilomètres carrés[1], qu'il reste à explorer. Les limites en sont tracées par les expéditions de Barth, de Rohlfs, de Nachtigal, au nord; de Schweinfurth, de Baker, de Gordon, de Stanley, à l'est; de Livingstone et de Cameron, au sud; de Tuckey, de Du Chaillu, de Güssffeld, de Marche et Compiègne, à l'ouest. C'est pour résoudre ce dernier problème, faciliter l'effort qu'il impose, en diminuer, si possible, les périls, par l'association des forces individuelles et nationales, que Léopold II a convoqué une Conférence à Bruxelles. Si cette généreuse initiative, qui est par elle-même un fait considérable, rencontre les sympathies de l'opinion publique, il est clair que la science ne sera pas seule à en recueillir les fruits. Une terre vierge et féconde, des peuples nombreux et pour la plupart mieux doués qu'on ne pense communément sortiront d'un isolement séculaire; l'œuvre de la civilisation de l'Afrique, conduite jusqu'ici avec des moyens insuffisants, acquerra une base large et stable; la traite des nègres, ce fléau des populations africaines, pourra être atteinte et combattue dans

---

[1] L'empire d'Allemagne mesure 540,628 kilomètres carrés; la France en a 528,576; c'est donc plus de sept fois l'étendue de chacun de ces deux pays.

son principe. Qui saurait calculer, dès ce moment, l'influence que peuvent exercer sur les conditions sociales et économiques de l'Europe et de l'Asie des relations régulières et suivies avec elles de toute une branche nouvelle de la famille humaine?

Indiquer ces points, c'est faire sentir l'étendue de la pensée qui a présidé à la Conférence de Bruxelles et la portée de l'œuvre de celle-ci. De si grands résultats, toutefois, ne seront pas obtenus sans des efforts soutenus, sans des sacrifices sérieux. La coopération de tous est nécessaire au succès de la croisade qu'il s'agit d'entreprendre, et cette coopération ne sera active, dévouée, persistante, que si l'on se rend un compte exact de son objet. Les expéditions de découverte en Afrique ont-elles pris au cours de ce siècle un caractère particulier? Quel en est le système et le lien? Ont-elles amené des résultats décisifs? Quel est l'état actuel de nos connaissances sur l'Afrique? Que savons-nous de l'aspect général de son sol, du relief de sa surface, de la distribution de ses eaux? Quels en sont le climat et les ressources? A quelles familles appartiennent les peuples qui l'habitent? A quel degré de civilisation se sont-ils élevés? Existe-t-il des raisons de croire qu'ils puissent parvenir plus haut? Qu'est-ce que la traite au xixe siècle? Comment et par qui s'exerce-t-elle?

Voilà autant de questions dont il paraît désirable d'indiquer au moins les principes de solution, d'autant plus que, par une exception regrettable et unique, il n'a pas existé jusqu'ici en Belgique de Société de Géographie se donnant la mission d'agiter, de discuter sans cesse sous l'œil du public ces graves et intéressants problèmes. La vulgarisation d'un ensemble de notions succinctes mais raisonnées sur tous ces objets permettra à l'œuvre de la Conférence de revêtir le double caractère indispensable à son succès : une action scientifique et civilisatrice, guidée par les plus hautes influences, servie en même temps par toutes les ressources de la sympathie populaire.

PREMIÈRE PARTIE

———◆———

L'AFRIQUE

AU POINT DE VUE

HISTORIQUE, PHYSIQUE & SOCIAL

———

CHAPITRE Ier

APERÇU DE L'HISTOIRE DE LA DÉCOUVERTE AFRICAINE
AU XIXe SIÈCLE

Le mouvement de découvertes géographiques qui, depuis 1840, s'est dirigé sur l'Afrique avec une énergie et une persévérance admirables, est l'un des spectacles les plus dignes d'intérêt de ce siècle, fécond d'ailleurs en grandes entreprises scientifiques. On dirait qu'en lui donnant une étendue, une activité aussi extraordinaires, les nations de l'Europe aient obéi, par un accord tacite, à une même pensée : celle d'ouvrir aux efforts, d'initier aux conquêtes de la civilisation un continent, devenu, sans explication plausible, l'objet d'un abandon systématique. Longtemps il avait paru que l'Afrique fût plutôt condamnée à reculer qu'à avancer dans cette voie. L'Égypte qui, au début de l'histoire, occupa un rang si éminent dans le monde et qui propagea, vers le Midi, ses institutions et ses mœurs à des distances à peine entrevues aujourd'hui, semblait avoir épuisé sa mission. Les riches et industrieuses populations que l'antiquité vit s'établir sur le littoral de la Méditerranée, à Carthage, dans la Cyrénaïque, la Numidie, la Mauritanie, avaient disparu, laissant à peine quelques traces de leur passage. La barbarie avait repris possession de ces belles provinces que la domination romaine avait portées à un si haut degré de culture. Au moyen âge, l'islamisme traversa comme un torrent l'Afrique septentrionale d'un bout à l'autre; s'il modifia profondément l'état des esprits, s'il créa des idées et des mœurs qui ont résisté au temps, il ne fonda nulle part d'établissement politique important ni durable.

Il faut descendre jusqu'au xvᵉ siècle pour entrevoir l'aurore d'une ère nouvelle. Jusque-là, on n'avait eu qu'une idée très imparfaite de la configuration de l'Afrique, et les notions scientifiques s'étaient, depuis Ptolémée, plutôt éloignées que rapprochées de la vérité. On n'avait d'idée quelque peu précise que de la région septentrionale, et encore les anciennes cartes de Sanudo, de Bianco, de Fra Mauro en défiguraient-elles outrageusement les contours. Les expéditions maritimes des Portugais, dont l'initiative et la persistance ont immortalisé le nom d'un de leurs plus grands princes, Henri le Navigateur, révélèrent un monde nouveau. En 1434, on reconnut le cap Bojador; en 1482, on explorait le golfe de Guinée; en 1487, Bartholomé Diaz atteignait, dépassait même le cap de

Bonne-Espérance, et, avant la fin du siècle, de 1497 à 1499, Vasco de Gama doublait ce promontoire et longeait la côte orientale jusqu'à la hauteur de l'Arabie. La carte de Diégo Ribera, publiée, en 1529, à Séville, et celle de Dapper, qui parut, en 1676, à Amsterdam, donnèrent, pour la première fois, le profil exact du continent africain ; cette dernière semble même avoir devancé, sous plusieurs rapports, les progrès de la géographie moderne.

De nombreux établissements commerciaux se fondèrent peu après sur les côtes d'Afrique ; des essais de colonisation eurent lieu : toutefois, ils ne dépassèrent pas le littoral et ne prirent pas d'extension considérable vers l'intérieur. Les Portugais, à la vérité, explorèrent de bonne heure une grande partie de l'Afrique centrale et préludèrent, sur les rives du Zambèse comme dans le bassin du Congo, à quelques unes des grandes découvertes de Livingstone. Après eux, les Français dans la Sénégambie, les Hollandais au cap de Bonne-Espérance entamèrent le vaste continent de l'Afrique, mais sans accroître considérablement les résultats acquis à la science par les efforts des Portugais. L'intérieur de cet immense plateau, dont les premiers étages se dessinent à quelques lieues de la mer, restait couvert d'un impénétrable mystère.

Avec la fondation, en 1788, de la célèbre *Association africaine* de Londres, commence ce grand mouvement d'exploration qui a pris de nos jours seulement toute son extension. Les voyages se multiplient ; ils s'organisent sur un plan d'ensemble ; ils acquièrent un caractère scientifique. L'Afrique est attaquée à la fois sur trois points; des expéditions partent, dans les dernières années du xviiie siècle, de Tripoli au nord, de la Nubie à l'est, de la Gambie à l'ouest. L'Allemand Hornemann et surtout l'Écossais Mungo-Park sont les premiers héros et aussi les premières victimes de ces entreprises.

Dans le golfe de Guinée débouche un fleuve qui, par son vaste développement, la complication de son cours et le mystère de son origine, offre avec le Nil des analogies frappantes : c'est le Niger. De bonne heure, les efforts des voyageurs ont eu la solution de ce problème hydrographique pour objet. Mungo-Park, dans les premières années de notre siècle, pénètre par la Gambie dans le bassin du Niger; en butte aux attaques incessantes des indigènes, au prix des plus rudes souffrances, il descend néanmoins le cours du fleuve jusqu'à Bussa, où il périt, après avoir vu succomber préalablement la plupart de ses compagnons de voyage. Cette expédition n'en suscita pas moins de nombreux continuateurs. En 1818, un voyageur français, Mollien, renouvelle l'entreprise de Mungo-Park; il n'arrive pas jusqu'au Niger, mais il détermine les sources du Sénégal, de la Gambie, du Rio-Grande. Après lui, deux Anglais, Lander et Laird, explorent les embouchures du grand fleuve que le premier descendit depuis Bussa (1830 à 1832). Baikie, dont l'expédition remarquable a lieu en 1854, s'élève, en partant de la côte de Guinée, jusqu'au confluent du Benuë, imposante rivière qu'il remonte jusqu'à Iola, point extrême atteint par Barth en descendant du nord. Quelques années après, sous l'impulsion du général Faidherbe, alors gouverneur de la Sénégambie, plusieurs officiers de marine français, Lambert (1860), Mage et Quintin (1863-66), reconnaissent le cours supérieur du Niger. En 1869, Winwood Reade approche de ses sources dans les montagnes voisines de la mer, qui délimitent vers l'est l'établissement de Sierra Leone. C'était, malgré les lacunes qu'il reste à combler, une importante conquête sur l'Afrique intérieure; le bassin du Niger, en effet, renferme une foule de tribus populeuses et d'États ayant au moins un commencement d'organisation. L'expédition récente des Anglais contre les Aschanti a répandu de son côté des lumières nouvelles sur des régions voisines d'une admirable fertilité, que ne défendent jusqu'ici, contre les efforts de la civilisation, que les ardeurs d'un climat torride et les miasmes mortels de ses marécages.

Au nord et à l'ouest, l'Algérie et le Sénégal sont devenus, entre les mains des Français, des points d'attaque vers le grand désert de Sahara, qui s'avance jusqu'aux limites de leurs possessions. Dans cette direction, ils en rencontrent d'abord la partie la plus inhospitalière, le Sahel, vaste plaine sablonneuse et aride, semée de quelques rares oasis et habitée, sur divers points, par des populations justement redoutées pour leur cruauté. C'est un voyageur français, Caillé, qui, parti du Sénégal, a visité le premier, en 1828, la mystérieuse ville de Tombouctou, sur le Niger, aux confins méridionaux du Sahara. Après lui, Léop. Panet en a parcouru la lisière occidentale de Saint-Louis à Mogador, par Adrar (1852). Plus récemment encore, en 1859, un des plus savants géographes de ce temps, H. Duveyrier,

a exploré, avec un succès exceptionnel, cette mer de
sable où ont péri tant d'intrépides chercheurs. Là,
notamment, a succombé, en 1869, assassinée par son
escorte, une femme qu'ont rendue célèbre ses grands
et nombreux voyages en Afrique, Alexine Tinné, de
La Haye. Plus loin, vers l'est, le Sahara change
d'aspect; le sol devient pierreux; les oasis se multiplient; la population est moins rare jusque dans le
voisinage immédiat de l'Égypte, où le désert reprend
son empire. Dans l'hiver de 1873-74, Gérard Rohlfs,
qu'avaient déjà illustré, à cette époque, des entreprises
considérables sur les points les plus opposés de l'Afrique
septentrionale, a dirigé dans cette dernière région,
connue sous le nom de désert de Libye, une expédition dont il vient de faire connaître les remarquables
résultats.

Au sud de cette région et se confondant sur beaucoup
de points avec elle, se trouve le Soudan, qui a été, dans
ces derniers temps, l'objet de notables entreprises.
C'est ici le cœur de l'Afrique; ici commence la patrie
de la race nègre qui s'est répandue, au midi, sur
toute l'étendue du grand plateau africain. L'Angleterre et l'Allemagne ont le plus contribué, dans ces
dernières années, à accroître nos connaissances sur ces
contrées à peu près totalement inconnues jusque-là.
En 1823, Clapperton découvre le lac de Tsad, grand
bassin intérieur qui reçoit les eaux de la vaste dépression dont le plateau central et celui du Sahara
forment les rebords. C'est sur les rives de ce lac que
se groupent les États les plus avancés et les plus

populeux du Soudan, notamment ceux de Bornou, de
Kanem, de Bagirmi, de Wadaï. Ce dernier confine au
Darfour, qui vient de passer sous la souveraineté de
l'Égypte.

En 1849 a lieu la grande expédition de Richardson,
d'Overweg et de Barth, dont ce dernier revint seul et
publia, en 1855, l'émouvante relation. Partie de Tripoli, l'expédition avait traversé le Sahara par une voie
nouvelle, pénétré dans le Soudan et atteint le lac de
Tsad. Après la mort de ses compagnons, Barth se diri-
gea vers l'ouest jusqu'au Niger et visita Tombouctou,
que nul Européen n'a revue après lui. Vogel, avançant
sur ses traces, arriva, en 1856, dans le Wadaï, mais y
périt assassiné sur l'ordre du sultan de cet État. Sept
expéditions partirent successivement à sa recherche;
l'une d'elles, conduite par Beurmann, atteignit le but,
mais coûta également la vie à son chef (1863).

De 1865 à 1867, Gérard Rohlfs, qu'avait antérieu-
rement signalé à l'attention publique sa dangereuse
campagne du Maroc à Tripoli, par Tafilet, Tuat et
Ghadames, exécute son grand voyage au Bornou et traverse avec succès le continent africain de Tripoli sur
la Méditerranée à Lagos, au fond du golfe de Guinée.
Cette expédition mémorable, l'une des plus hardies et
des plus fructueuses de ce siècle, est suivie de celle du
Dr Nachtigal qui, en 1870, apporta au sultan de Bornou
les présents du roi de Prusse en reconnaissance des
services rendus par ce souverain à Barth, à Vogel, à
Rohlfs. Les années suivantes, Nachtigal continue ses
explorations dans les divers États riverains du lac de
Tsad; grâce à lui, la géographie de ces contrées a fait

de sensibles progrès. C'est aussi le premier Européen
qui, sur la route de Mourzouk à Kouka, ait pénétré,
au prix des plus grands dangers, chez les Tibbou Res-
chadé et visité le Tibesti. Il est arrivé en Égypte à la fin
de 1874, après avoir traversé le Wadaï — cette terre
inhospitalière où avaient succombé Vogel et Beurmann, — le Darfour et le Kordofan, et relié ainsi ses
découvertes à celles des explorateurs de la vallée du
Nil. Cette expédition, prolongée pendant cinq ans, est
l'une des plus remarquables qui aient été accomplies
dans ces derniers temps ; elle a placé le Dr Nachtigal
au premier rang des voyageurs d'Afrique et ouvert de
nouvelles perspectives à ceux d'entre eux qui prendront désormais les possessions égyptiennes pour bases
de leurs opérations.

L'Égypte, depuis le règne de Mehemet-Ali, a pris
parmi les États africains une position exceptionnelle :
en présence de l'incurable décrépitude où s'affaisse
l'empire des Osmanlis en Europe, elle semble appelée
à recueillir une part essentielle de sa succession. L'épée
du général Bonaparte semble avoir été la baguette
magique qui a réveillé dans son tombeau trente fois
séculaire le génie de la vieille Égypte. Grâce à l'initiative d'une série de princes qui ont su se dégager,
sous plus d'un rapport, du cercle étroit de l'islam ;
grâce au concours d'une foule d'administrateurs d'élite
empruntés à toutes les nations de l'Europe, la vallée
du Nil a pris un aspect tout moderne. Une navigation
régulière à vapeur est organisée sur le fleuve jusqu'à
la première cataracte, à Syène ; des bateaux, pourvus

de tout le confort européen, transportent chaque année jusqu'à ce point des milliers de touristes. Les locomotives sifflent au pied des Pyramides, elles ne tarderont pas à pénétrer dans le désert même, grâce au plan de l'ingénieur Fowler, qui a entrepris de construire un chemin de fer depuis la seconde cataracte en Nubie jusqu'à Khartoum, à travers la steppe de Bejuda, sur une étendue de près de 200 lieues. Dès à présent, l'Égypte possède 1,780 kilomètres de lignes. A l'extrémité nord-est du pays, l'isthme de Suez voit, de son côté, croître d'année en année son importance, et des transactions récentes en ont fait ressortir de nouveau l'importance capitale au point de vue des transformations politiques dont l'Orient pourrait devenir prochainement le théâtre.

Cette renaissance de l'Égypte, avec les ambitions territoriales qu'elle ne pouvait manquer de stimuler, est puissamment venue en aide aux conquêtes de la géographie africaine. Le gouvernement du Khédive surtout a prêté aux intrépides missionnaires de la science, qui prenaient ses États pour point de départ de leurs explorations, un concours généreux et soutenu. L'accueil peu hospitalier fait naguère à l'expédition italienne du marquis Antinori est un fait aussi rare qu'il est regrettable.

La détermination du bassin du Nil et surtout la recherche de ses sources ont été longtemps de ce côté et demeurent encore aujourd'hui le but dominant de toutes les entreprises. Celles-ci ont pris deux directions, correspondant aux deux branches du Nil qui confondent leurs eaux à Khartoum, ville de 40,000 âmes,

la métropole commerciale du Soudan oriental, le
nœud de jonction entre l'Égypte et l'Afrique intérieure. La branche orientale s'appelle le Nil Bleu
(Bahr el Asrak), l'occidentale est connue sous le nom
de Nil Blanc (Bahr el Abiad).

À la fin du siècle dernier, le voyageur anglais Bruce
détermina les sources du Nil Bleu. Le système de ses
eaux et la configuration du plateau abyssin ont été
reconnus depuis, d'une façon plus complète, par deux
Français, Lefebvre, dont le voyage eut lieu de 1839
à 1843, et Lejean, qui parcourut l'Abyssinie de 1862
à 1864. L'expédition anglaise a vulgarisé les notions
sur cette espèce de Suisse africaine où se sont conservés
jusqu'à nos jours le christianisme et les mœurs du
moyen âge.

Le système occidental du Nil est de beaucoup le plus
important des deux. L'exploration en commence dans
le cours de ce siècle avec le voyageur suisse Burckhardt
qui, de 1812 à 1814, parcourut la Nubie aux frais de
la Société africaine de Londres et mourut au moment
où il allait s'engager dans le désert de Libye en vue
d'atteindre le Fezzan. Son successeur immédiat fut
un Français, François Calliaud, qui pénétra dans la
Haute-Nubie jusque vers le 10e degré de latitude; ce
voyage, qui eut lieu de 1819 à 1822, donna une forte
impulsion aux études d'archéologie égyptienne. En
1839 et 1841, Mehemet-Ali envoie deux grandes expéditions sur le Haut-Nil; la première atteignit le 6e degré
de latitude, la seconde arriva jusqu'à Gondokoro. Vers
la même époque, le voyageur autrichien Russegger
visite les contrées de Dar Nuba et de Takale, au sud du

Kordofan et enrichit la science géographique de notables découvertes (1837).

A ce moment, le zèle religieux s'éveille à côté de l'ardeur scientifique. Des missions catholiques se fondent à Khartoum (1848), à Gondokoro (1851), à Sainte-Croix (1855); le but en était de répandre le christianisme parmi les tribus nègres et d'opposer un frein au trafic des esclaves. Cette tentative ne fut pas heureuse; l'hostilité des traitants, la famine et surtout la fièvre décimèrent si cruellement les missionnaires, que, malgré leur héroïque dévouement, ils finirent par abandonner une tâche qui au moins n'avait pas été stérile pour la science.

Les missions protestantes n'eurent guère plus de succès dans cette région, mais, sur un autre point, elles donnèrent une impulsion extraordinaire. En 1848 et 1849, les missionnaires allemands Rebmann et Krapf découvrent, au nord de Zanzibar et presque sous la ligne, deux hautes montagnes couvertes de neiges perpétuelles où ils croient reconnaître les *Monts de la Lune* de Ptolémée et le siége probable des sources du Nil. Cette découverte stimula tout à coup d'une façon exceptionnelle le zèle des explorateurs. On entrevit la possibilité de pénétrer, du côté du sud, dans la vallée du Nil et d'arriver, par cette voie nouvelle, à la solution du problème.

Deux officiers de l'armée de l'Inde, les capitaines Burton et Speke, reçoivent de la Société géographique de Londres la mission de tenter cette grande entreprise. En 1857, ils partent de Zanzibar, poussent droit vers l'intérieur et arrivent, le 13 février 1858, au bord du lac Tanganyka. C'est une date qui marque dans les annales de l'exploration africaine. Après avoir traversé le lac dans sa largeur, les deux voyageurs se séparent; Speke se dirige seul vers le nord et atteint, dans cette direction, la rive méridionale d'un second et vaste réservoir appelé Ukerewe par les indigènes, mais que Speke baptisa du nom de la reine d'Angleterre (Victoria Nyanza). Convaincu d'avoir trouvé cette fois la vraie source du Nil, Speke se remet bientôt en route, accompagné du capitaine Grant. En 1861, l'expédition se retrouve auprès du Victoria qu'elle contourne par l'ouest, sans s'apercevoir du voisinage d'un autre grand lac, et pénètre dans le pays d'Uganda, dont le roi Mtesa l'accueille avec empressement. Sur le bord septentrional du lac, Speke et Grant en découvrent l'issue, qu'ils signalent, dès ce moment, comme la branche originelle du Nil. Bien qu'ils n'aient pu constamment en descendre le cours, les assertions des deux voyageurs anglais ont reçu des entreprises subséquentes, notamment de celles du colonel Long (1874) et de Stanley (1875), une vérification éclatante. A Gondokoro, sur leur retour, Speke et Grant rencontrent Samuel Baker, qui venait d'entreprendre, avec son héroïque compagne, la même exploration en sens inverse. La jonction des deux expéditions annonce que la solution du grand problème est proche.

En poursuivant sa course au sud, Baker reprend le Nil aux chutes de Karuma, point où ses devanciers s'en étaient éloignés, et reconnaît que le fleuve se décharge dans un deuxième et vaste bassin, le Mwutan, auquel il donna le nom d'Albert Nyanza. C'était en mars 1864.

Bien que Baker n'eût vu qu'une faible partie du littoral de ce lac et n'en eût pas trouvé l'issue, le système principal du Nil est dès lors quasi déterminé.

Ces grandes découvertes, en aiguillonnant l'ardeur des savants et des voyageurs, donnent également naissance à de vastes plans politiques. La concentration de tous les territoires dont se compose l'immense bassin du Nil sous le sceptre du vice-roi d'Égypte, devient une pensée arrêtée au Caire et dont l'exécution passe rapidement dans le domaine des faits. En 1870, Samuel Baker part, à la tête d'un petit corps d'armée, avec la double mission d'étendre jusqu'aux lacs l'autorité du Khédive et de réprimer le trafic des esclaves. Cette expédition, qui dura jusqu'en 1873 et coûta au trésor égyptien l'énorme somme de vingt-six millions, n'atteignit qu'en partie son but. En 1874, le colonel Gordon fut chargé de la reprendre sur d'autres bases. Cette campagne, qui n'est pas entièrement terminée aujourd'hui, a déjà donné des résultats notables. La domination du vice-roi a acquis dans ces contrées une base solide; en même temps, la tentative de transporter par le Nil un bateau à vapeur jusqu'au Mwutan a été couronnée de succès. Un membre de l'expédition, l'ingénieur Gessi, vient de pénétrer dans les eaux de ce lac par son issue septentrionale et d'en faire entièrement le tour. Le cours du Nil Blanc est ainsi déterminé d'une manière définitive. Un autre voyageur, célèbre par l'audace autant que par le bonheur de ses entreprises, l'Américain Stanley, a complété sur un autre point cet ensemble de découvertes. De la côte orientale, il a transporté un bâtiment jusqu'au lac Victoria et est parvenu de la sorte à exécuter la circumnavigation de ce grand réservoir, qui reçoit dix fleuves et mesure plus de 1,600 kilomètres de circuit. Après une résidence prolongée chez le roi d'Uganda, il poursuit actuellement ses explorations dans la direction de l'ouest.

De ce côté se présente, en effet, un autre et vaste champ d'investigation : il s'agit de tracer à l'occident la ligne des hauteurs qui délimitent le bassin du Nil Blanc et de reconnaître le système de ses nombreux affluents. Dans cette voie, d'ailleurs, on devait se rencontrer avec les voyageurs qui exploraient la partie centrale du Soudan et relier ainsi les observations faites, en partant de points opposés. Ici, nous rencontrons successivement les Italiens Miani et marquis Antinori, qui, en 1860, parcourent les rives du fleuve des Gazelles et du Djour; les Français Lejean et Peney, qui visitent les mêmes régions en 1861 ; le consul anglais Petherick, qui, dans ses courses répétées de 1848 à 1863, pénètre, vers le sud, jusque dans le pays des Niam-Niam, où l'Italien Piaggia réside même toute une année (1864). Deux Allemands, Th. von Heuglin et le botaniste Steudner — ce dernier mourut dans le cours de cette campagne, — poussent, au delà du fleuve des Gazelles et du Djour, leurs explorations jusque dans le Dar Fertit. Toutes ces expéditions préparent le remarquable voyage du Dr Schweinfurth qui, parti, en 1869, de Khartoum, arrive jusque 3° 35' de latitude nord à travers le pays des Niam-Niam et des Monbuttu. Il décrit ce peuple inconnu avant lui, atteint la ligne de faîte, peu marquée du reste, qui sépare le bassin du Nil de celui du lac Tsad, et découvre sur le versant occi-

dental le fleuve encore mystérieux qu'il appelle l'Uelle.
Arrivé à ce point, le courage du hardi voyageur n'était
pas à bout, mais l'épuisement de ses ressources le força
de rétrograder. Avec 40,000 francs de plus à sa disposition, il croit qu'il aurait pu entraîner ses gens jusqu'au
cœur du Soudan, où il se fût peut-être rencontré avec
le Dʳ Nachtigal. Un digne émule de ces deux hommes,
l'Autrichien Marno, qui, en 1872, avait pénétré au sud
de l'Abyssinie jusque dans le pays des Galla, a opéré
une reconnaissance de la rive gauche du Nil Blanc
dans la direction des contrées que Schweinfurth venait
d'atteindre par une autre voie. (1875.)

Il s'ouvre ici aux recherches un champ aussi
étendu que neuf : c'est le centre même de l'Afrique
équatoriale qui sollicite désormais le courage et la
curiosité des voyageurs.

Cette vaste région inconnue du plateau central, dont
les expéditions dans le Soudan et la vallée du Nil font
flotter actuellement la limite septentrionale entre 2 et
10 degrés de latitude nord, n'a pas laissé d'être fréquemment entamée sur ses autres frontières. Les expéditions portugaises ont eu sur ce théâtre, à une époque
déjà éloignée, une importance qu'on ne leur soup-
çonne généralement pas. Les grands États des Ka-
zembe, des Muata Yamvo, qui commencent seulement
aujourd'hui à sortir de l'obscurité, ont été parcourus
pendant la première moitié de ce siècle par toute une
série de voyageurs portugais qui, de la côte occidentale, sont arrivés jusqu'à la limite orientale du plateau; tels sont Lacerda, mort sur le terrain de ses
recherches (1798); les Pombeiros (1808-10), Monteiro

(1831), Graça (1843-46). Ladislas Magyar, auquel son alliance avec une princesse indigène de Bihé prête parmi ses émules une physionomie particulière, visita également, en 1850, ces contrées.

Sur la côte occidentale, c'est le capitaine anglais Tuckey qui remonte, en 1816, le Congo, sans parvenir à dépasser les cataractes, et succombe aux influences pernicieuses du climat; c'est Du Chaillu qui, en 1856 et 1864, explore successivement les embouchures du Gabon et de l'Ogowaï (Ogoué) et pénètre, au sud de ce dernier fleuve, à 370 kilomètres à l'intérieur du continent. Après lui, le missionnaire anglais Walker, les voyageurs français Marche et marquis de Compiègne poursuivent l'exploration de l'Ogowaï; ces derniers déterminent, en 1874, au delà des chutes de Boué, le point extrême atteint jusqu'ici par les Européens.

Au fond de la baie de Biafra, Burton exécute, en 1860, l'ascension du pic gigantesque de Cameroun; à l'extrémité opposée du continent d'Afrique, non loin de la côte orientale, le baron von der Decken gravit, vers la même époque, les cimes plus élevées encore du Kilimanjaro et succombe, en 1865, en essayant de remonter le cours de la rivière Djuba.

De l'Afrique australe partent d'autres expéditions intéressantes. Le zoologue allemand Fritsch passe trois années (1864-66) dans la république d'Orange et chez les Betschuana et réunit, dans ses courses, les éléments de son savant travail sur les peuples de l'Afrique méridionale. En 1869, Ed. Mohr entreprend son voyage à la grande cataracte du Zambèse. Ch. Mauch, dans le même temps, parcourt le Transvaal et le royaume de

Mosilikatsé; il trouve les gisements aurifères de Tati, sillonne, en 1872, toute la région du sud-est et y découvre, par le 20e degré de latitude, les ruines remarquables. de Zimbabé. Mais un nom illustre entre tous domine de haut ceux des voyageurs qui furent, sur ce théâtre, ses émules ou ses continuateurs. David Livingstone occupe une place à part dans l'histoire de la découverte de l'Afrique. Pendant plus de trente ans, cet homme admirable y a exercé avec une ardeur infatigable, une énergie surhumaine, le double apostolat de l'Évangile et de la science. Il a parcouru, lui seul, du sud au nord, de l'ouest à l'est, la moitié du continent africain, devenu en quelque sorte sa seconde patrie.

Les courses de Livingstone commencent en 1840 dans la mission anglaise de Kuruman, chez les Betschuana; elles le conduisent, en 1845, aux bords du lac de Ngami, la première des grandes mers intérieures découvertes en Afrique. Ses explorations s'étendent, à cette époque, sur les territoires situés au nord du Cap, où s'est depuis fondée la république du Transvaal. De 1853 à 1856, il exécute le premier de ses grands voyages. Il s'élève, par le nord, vers le cours supérieur du Zambèse, dont il découvre la magnifique chute, plus imposante encore que celle du Niagara, visite la région des sources de ce fleuve et pousse, vers l'ouest, jusqu'à Loanda, sur la côte de l'Atlantique. De ce point, il revient sur ses pas, traverse l'Afrique dans toute sa profondeur et débouche à Quilimane, sur l'océan Indien. De 1858 à 1861, il accomplit une série de voyages qui lui permettent d'achever la détermination du bassin du Zambèse; il en explore le cours infé-

rieur, remonte, à travers une succession de cataractes,
l'affluent du Chiré et s'assure que cette rivière n'est elle-
même que le canal de déchargement d'un immense
réservoir, le lac Nyassa.

Après une courte interruption, pendant laquelle il
revoit l'Angleterre, Livingstone entreprend, en 1866, sa
troisième et dernière expédition. Il part de l'embouchure
de la Rovuma, tourne le Nyassa par le sud et pénètre
dans la contrée inconnue qui s'étend à l'ouest de ce
bassin. Là, il rencontre une nouvelle série de grands
lacs, le Bangweolo, le Moero, le Kamolondo, que relie
un puissant cours d'eau, le Lualaba ou Luapula, que
Livingstone prend, par erreur, pour la branche originelle du Nil, mais que les dernières découvertes ont
rattaché au système du Congo. En 1869, il atteint le
lac Tanganyka, qu'il traverse en partie; puis reprend à
l'ouest et arrive à Nyangwe, limite septentrionale de
ses explorations. Il revient épuisé et malade à Ujiji, où
il rencontre, dans l'automne de 1871, Stanley, envoyé
à sa recherche; car plusieurs fois le bruit de sa mort
s'était répandu en Europe pendant ces cinq années.
Tandis que Stanley retourne à la côte, Livingstone,
réconforté et pourvu de nouvelles ressources, longe
la rive orientale du Tanganyka et s'enfonce derechef
dans l'intérieur; il complète sur différents points ses
investigations; mais bientôt la fièvre, contractée dans
ces terres marécageuses, sous des pluies torrentielles,
le ressaisit pour ne plus le quitter. Au commencement
de 1873, il faisait le tour du lac de Bangweolo et en
atteignait la rive méridionale. C'est là qu'il expire,
dans la nuit du 1er mai, sous un abri improvisé par ses

serviteurs : on le trouva le matin agenouillé au pied de son lit. L'histoire renferme peu de pages plus touchantes et d'un caractère plus sublime que le simple récit de cette mort silencieuse et solitaire d'un grand homme, martyr d'une grande cause.

Dans cette même année où mourut Livingstone, deux expéditions partirent de l'Angleterre pour rechercher ses traces. L'une, sous le commandement du lieutenant de marine Grandy, prit la côte du Congo pour base d'opération, mais ne réussit pas. La seconde, placée également sous la direction d'un officier de marine, le lieutenant Cameron, alors âgé de vingt-huit ans, amena des résultats d'une extrême importance. Guidé par les conseils d'un homme supérieur, sir Bartle Frere, Cameron partit de Zanzibar à la fin de 1873. A mi-chemin du Tanganyka, à Kaseh, il rencontra le convoi des serviteurs de Livingstone, qui rapportaient la dépouille de leur maître. Après avoir pris toutes les mesures pour assurer la translation de ces restes précieux et la conservation des papiers de l'illustre voyageur, Cameron poursuit résolûment sa course. Le 2 février, il atteignait le Tanganyka, qu'il sillonna dans toute son étendue et dont il leva exactement la carte. Dans le cours de ces opérations, il trouva l'issue du lac, le Loukouga, qui se dirige vers l'ouest et rejoint le Lualaba. Cette découverte décide Cameron à descendre cette rivière et à continuer ainsi l'œuvre de Livingstone; il arrive jusqu'à Nyangwe, mais là, l'hostilité d'un chef indigène l'oblige d'incliner sa route au sud-ouest. Dans cette direction, il traverse les populeux États des Balunda, détermine le système des affluents de la rive gauche du Congo et débouche, en novembre 1875, sur l'Atlantique, dans le voisinage de Benguela. Cette mémorable expédition, qui a enrichi la science de 85 déterminations astronomiques de position et de 3,718 mesures d'altitude, était digne de Livingstone, dont la pensée l'avait fait entreprendre; le succès en a été accueilli dans toute l'Europe avec un légitime sentiment d'admiration.

A l'heure où nous écrivons ces lignes, de nouveaux efforts se préparent. L'Allemagne organise, sous la direction probable d'Ed. Mohr, une campagne d'exploration qui reprendra, sur la côte de Loango, l'œuvre commencée, en 1873, par le docteur Gussfeldt, avec le concours du major Homeyer, du docteur Lenz, du lieutenant Lux et d'autres savants. La France a des voyages en cours d'exécution sur l'Ogowaï; l'Italie a envoyé, sous la conduite du marquis Antinori, une expédition, malheureusement compromise aujourd'hui, qui, de Zeïla, sur le golfe d'Aden, devait se rendre au lac Victoria à travers le pays des Galla. L'Angleterre, absorbée en ce moment par son entreprise au pôle nord,[1] ne tardera pas à reporter son attention du côté de l'Afrique; déjà, de graves intérêts la sollicitent en ce sens.

Les résultats essentiels des principaux voyages qui viennent d'être mentionnés, se trouvent résumés et peuvent s'embrasser d'un coup d'œil dans l'intéressante carte de l'Afrique que le savant géographe allemand

---

[1] L'expédition anglaise au pôle est rentrée, le 27 octobre, en Angleterre.

H. Kiepert a publiée, en 1874, dans le t. VIII du *Bulletin de la Société de géographie de Berlin*. Les teintes employées déterminent en même temps la part qui revient aux diverses nationalités de l'Europe dans ce grand travail d'exploration qui a malheureusement compté trop de martyrs. Mais si les sacrifices ont été cruels, au moins n'ont-il pas été sans fruit. On se fera une idée des progrès accomplis en rapprochant la carte de Kiepert de la description que donnait, en 1822, du continent africain, Ch. Ritter, dans sa *Géographie comparée,* qui n'en reste pas moins, il est vrai, malgré ses lacunes, un monument de génie et de science. C'est véritablement un monde nouveau qui s'est ouvert à l'activité humaine. Sans doute, bien des emplacements demeurent encore vides sur nos cartes ; il reste encore environ un quart de l'Afrique à reconnaître et à décrire ; mais l'impulsion imprimée aux recherches est telle, qu'il est permis d'espérer que le siècle ne finira pas sans avoir vu achever cette immense tâche, surtout s'il devient possible de donner aux entreprises des voyageurs une base à la fois plus large et plus sûre.

CHAPITRE II

L'Afrique se présente dans ses contours généraux
sous la forme d'un vaste triangle, surtout si on la complète par la péninsule arabique, qui en est une dépen-
dance naturelle. Depuis que l'isthme de Suez a fait
place à un canal de 126 kilomètres, c'est une île totalement isolée : sa plus grande longueur verticale, du
cap Blanc au cap des Aiguilles, est de 8,015 kilomètres;
sa plus grande largeur, du cap Vert au cap Gardafui,
de 7,790 kilomètres; sa superficie totale mesure près
de 30 millions de kilomètres carrés.

Un simple coup d'œil sur la carte de ce continent
fait ressortir l'un des traits les plus saillants de sa conformation. La côte africaine est découpée suivant des
lignes droites; elle n'a d'autres sinuosités profondes que
les Syrtes au nord et le golfe de Guinée à l'ouest : ces
golfes eux-mêmes manquent de baies spacieuses et
salubres. Proportionnellement, le littoral d'Afrique est
trois fois moins étendu que celui de l'Europe. Si l'on joint
à ce caractère le soulèvement du sol dans le voisinage
immédiat de la côte et presque partout parallèlement

à celle-ci, il devient facile de reconnaître les motifs du long isolement de l'Afrique. Faites courir le long du rivage oriental de l'Amérique du Sud une chaîne de montagnes parallèle aux Andes, et les conditions physiques de l'Afrique se reproduisent immédiatement : des côtes basses et marécageuses; à des distances inégales mais toujours rapprochées de l'Océan, un vaste plateau central que traversent de nombreuses dépressions, tantôt verticales, tantôt longitudinales; des cours d'eau ou bien insignifiants comme ceux de l'Algérie, du Maroc, du Cap, ou bien singulièrement imposants et étendus, mais n'arrivant en ce cas à la mer qu'à travers des successions de cataractes qui opposent d'extrêmes difficultés à la navigation. Telle est l'image abrégée de l'Afrique et ces faits contiennent, sous bien des rapports, l'explication de ses destinées.

Au point de vue du relief de sa surface, le continent africain présente les oppositions les plus tranchées. Malgré les lacunes qui existent encore dans cet ordre de connaissances, on peut discerner sept systèmes orographiques dont quatre sont parallèles et trois perpendiculaires à l'équateur.

Au nord, court la chaîne de l'Atlas, dans la direction S.-S.-O. au N.-N.-E., depuis Agadir, sur l'Atlantique, jusqu'à Tunis, où elle descend à pic vers la Méditerranée; elle atteint sa plus grande altitude dans le Maroc, à Miltsin, par 3,475 mètres; au sud de l'Algérie, elle s'élève encore à 2,284 mètres.

Derrière le massif de l'Atlas et les plateaux de Hammadan et de Barka, qui le continuent vers l'est, s'étend depuis l'Atlantique jusqu'à la vallée du Nil, sur une

profondeur moyenne de 1,200 kilomètres, l'immense
désert du Sahara, ce second rempart qui a protégé si
longtemps l'Afrique intérieure contre les investigations
de la science. Aujourd'hui que de nombreux voyageurs,
en tête desquels il faut citer Barth, Rohlfs, Duveyrier
et Nachtigal, l'ont sillonné en divers sens, le Sahara se
présente sous un aspect nouveau. Ce n'est plus la dépression uniforme et profonde, le lit mouvant et stérile
d'une mer desséchée que l'on s'était toujours figuré :
c'est une vaste plaine, qui a ses vallées et ses montagnes, qui renferme des populations non seulement
nomades mais aussi sédentaires, et qui se couvre de
végétation partout où l'action de la pluie se fait sentir.
Le caractère du désert sablonneux et aride domine à
l'ouest; celui de la steppe, tantôt verdoyante, tantôt
pierreuse, prévaut vers l'est. Le Sahara offre plusieurs
dépressions profondes, comme celle d'El Juf, au sud du
Maroc, où l'on a conçu naguère la pensée de faire
pénétrer l'Atlantique par un canal; celle de Wad Righ,
au sud de l'Algérie, descend sensiblement, ainsi que
celle de la Libye, au dessous du niveau de la Méditerranée : cette dernière tombe jusqu'à 104 mètres. Partout ailleurs, le pays forme plutôt des plateaux entre-
coupés de vallées; celui du Fezzan atteint 450 mètres.
Quelques uns de ces plateaux isolés deviennent, en
s'élevant, de pittoresques oasis : tels sont les groupes
montagneux d'Asgar (1,300 mètres), d'Aïr (1,450
mètres), d'Anahef (1,600 mètres). L'îlot du Tibesti, que
le docteur Nachtigal a visité pour la première fois en
1870 et qui est peut-être l'endroit le plus inhospitalier
du Sahara, en forme le point culminant; il mesure
jusqu'à 2,600 mètres d'altitude.

A l'extrémité opposée de l'Afrique se dresse l'énorme massif des montagnes du Cap, qui s'abaisse, par une succession de trois terrasses, vers la pointe méridionale du continent. Le littoral, la plaine de Karrou (1,000 mètres) et le haut plateau de l'Orange qui se développe dans le Roggeveld, le Nieuweveld et le Schneeberg (1,600 mètres), en forment les assises. Ce système se continue dans la Cafrerie et Natal, où il s'appuie au Drakenberg. Des pics imposants le dominent : le Compas (2,682 mètres) du côté du Cap, le Cathkin (3,058 mètres) dans la colonie de Natal : partout les rampes sont abruptes et ne livrent accès vers l'intérieur que par des passes étroites.

A ce système correspondent, mais à des altitudes beaucoup moindres, les hauteurs qui séparent les bassins du fleuve Orange et du Limpopo de celui du Zambèse. Elles se caractérisent dans le plateau aride et désert de Kalahari, avec ses deux contreforts d'Owaherero (2,600 mètres) à l'ouest et des monts Matoppo (2,200 mètres) à l'est. Entre ces deux massifs se trouve la dépression qui forme le lac Ngami. Au delà se développe un pays de plateaux alpestres, parcouru dans tous les sens par Livingstone : le trait dominant de cette région, d'une élévation moyenne peu considérable, est son extrême richesse hydrographique. Le Zambèse et ses nombreux affluents y répandent la fertilité et la vie. Dans la saison des pluies, toute la zone qui correspond au cours supérieur et moyen du Zambèse se convertit en un lac, et l'inondation s'étend même au delà de la ligne de faîte, jusque dans le bassin du Congo. C'est cette circonstance qui a suggéré à Cameron la pensée qu'on pourrait relier un jour, par un canal, ces deux grands systèmes fluviaux.

Le bassin du Zambèse est fermé au nord par le plateau de Lobisa qui se poursuit vers l'ouest par la chaîne de Muxinga. Le plateau, haut de plus de 2,000 mètres, en s'abaissant brusquement à l'est, forme, à une altitude de 464 mètres, la vaste dépression du lac Nyassa. A l'ouest, la rampe descend lentement par une série de terrasses; elle atteint son point culminant dans cette direction aux monts Mossamba, dans la province de Benguela. Ce soulèvement constitue, sur une étendue d'environ 1,500 kilomètres, la ligne de séparation des eaux qui se rendent à l'Atlantique d'une part, à l'océan Indien de l'autre. L'abondance des sources, dont la plupart forment de grandes rivières, est ici extraordinaire; Livingstone en a compté 32 sur une distance de 110 kilomètres. Des voyageurs ont comparé les innombrables mailles de ce réseau hydrographique aux irradiations que. la gelée trace sur nos fenêtres pendant les nuits d'hiver.

C'est entre ce système montagneux au sud et le plateau du Sahara au nord que s'étend l'Afrique centrale, devenue aujourd'hui l'objectif principal de l'exploration scientifique. C'est un massif élevé, d'une étendue sans analogue sur le globe et présentant l'aspect général d'un trapèze; l'inclinaison du terrain est d'orient en occident. De hauts plateaux d'où s'élancent isolément des sommets qui comptent parmi les plus élevés de la terre, le bordent ou le traversent : de leurs flancs descendent les fleuves les plus majestueux, dans leurs intervalles se déploient les lacs les plus gigantesques du monde.

Trois lignes de hauteurs coupent, du sud au nord, le plateau central de l'Afrique. La première en constitue le bord oriental; elle commence vers le 7e degré de latitude sud, suit parallèlement la côte et va s'épanouir dans l'énorme massif abyssin d'où se détache, vers le nord, la chaîne arabique. Cet imposant rempart sert de ligne de faîte à trois mers; il atteint ses points culminants presque sous l'équateur, dans le Kilimandjaro (6,116 mètres) et le Kenia (6,095 mètres), dont les cimes, couvertes de neiges éternelles, ne sont pas seulement les plus élevées de l'Afrique, mais n'ont pas d'égales en Europe et ne sont que rarement dépassées en Asie[1]. L'altitude moyenne de la chaîne est de 1,800 à 2,100 mètres; vers l'ouest, elle se développe en un plateau dont deux vastes dépressions forment, l'une au nord, à 1,148 mètres de hauteur, l'immense lac Victoria Nyanza qui est le réservoir originaire du Nil, l'autre au sud, à 826 mètres d'élévation, le bassin non moins considérable du Tanganyka, que les récentes découvertes de Cameron ont rattaché au système fluvial du Congo.

A l'ouest de cette ligne s'en présente une seconde avec des altitudes moyennes analogues : elle suit la rive occidentale du Tanganyka, passe entre les deux lacs de Victoria et d'Albert Nyanza, où se dresse, dans le Mfumbiro (3,300 mètres), son point culminant. Là, elle s'abaisse vers l'est en formant une succession de plateaux, se rattache vers l'ouest aux Montagnes Bleues de Baker, se dirige ensuite vers l'océan Atlantique en

---

[1] Le plus haut sommet de l'Europe, le mont Blanc, a 4,810 mètres d'altitude; la plus grande élévation du globe est atteinte dans le pic Everest qui fait partie de la chaîne de l'Himalaya et mesure 8,839 mètres.

séparant les bassins respectifs du lac Tsad, du Nil, de l'Ogowaï et du Congo, élève dans l'Adamaua les cimes imposantes du Mindif (2,000 mètres) et de l'Alantika (3,000 mètres) et se termine, au fond de la baie de Biafra, par le pic colossal de Cameroun (3,283 mètres).

La troisième chaîne de montagnes de l'Afrique centrale est celle qui forme le bord occidental du plateau : elle s'étend, sous les dénominations successives de sierra do Cristal, sierra Cumplida, sierra Fria, etc., à travers les provinces de Loango, d'Angola et de Benguela, où elle se soude au massif des monts Mossamba. Sa distance de la côte varie de 220 à 330 kilomètres; l'altitude, qui suit une échelle décroissante dans la direction du sud au nord, descend de 1,400 à 200 mètres. C'est en franchissant ce rempart que les grands fleuves de l'Afrique occidentale forment les cataractes qui ont jusqu'ici empêché les voyageurs de pénétrer par ces voies au cœur du pays. On peut considérer comme le prolongement occidental de cette chaîne, en envisageant le Cameroun comme le nœud commun de jonction, la ligne de hauteurs qui sépare la côte de Guinée du Soudan et qui est connue sous le nom de montagnes de Kong. Cette chaîne côtière, en se redressant au nord, s'épanouit dans le massif sénégambien, dont les derniers contreforts s'abaissent vers le Sahara et qui forme la ligne de partage des eaux du Niger, du Sénégal et de la Gambie.

La description orographique du continent africain fournit directement la clef du régime de ses eaux. Autant l'Afrique septentrionale est mal pourvue sous ce rapport, autant il y a surabondance dans l'Afrique centrale. Celle-ci forme la base du système fluvial presque tout entier ; sur une superficie d'environ six millions de kilomètres carrés, elle réunit les sources de trois énormes cours d'eau, dont le premier est l'unique tributaire de la Méditerranée et les deux autres sont les principaux affluents, l'un de l'océan Atlantique, l'autre de l'océan Indien : nous avons nommé le Nil, le Congo et le Zambèse.

Le Nil est le roi des fleuves du globe terrestre ; la distance, en ligne directe, de ses sources à son embouchure est de 3,900 kilomètres, ce qui suppose une longueur réelle qui surpasse celle du Mississipi-Missouri et de l'Amazone. D'après les calculs du Dr Schweinfurth, son bassin fluvial s'étend sur une superficie de 8,260,000 kilomètres carrés ; le bassin de l'Amazone ne mesure pas plus de 7 millions, celui du Mississipi dépasse à peine 3 millions de kilomètres carrés. La source de cette gigantesque artère est elle-même un immense réservoir, alimenté par de nombreux cours d'eau : le lac Ukerewe ou Victoria Nyanza. L'altitude de ce réservoir est à 1,148 mètres et sa superficie mesure 84,000 kilomètres carrés, c'est à dire une étendue presque triple de celle de la Belgique. Le Nil sort de la rive septentrionale de ce bassin avec une largeur de 120 mètres et descend, par une série de chutes, dans un second réservoir, le Mwutan ou Albert Nyanza, dont il ne traverse toutefois que la partie septentrionale. Le Mwutan, d'après les plus récents relevés, est situé à une élévation de 670 mètres au dessus du niveau de la mer ; il mesure 220 kilomètres de longueur, 35 à 90 kilomètres de largeur.

Au sortir de ce second lac, le fleuve, large de 440 mètres, prend le nom de Nil Blanc (Bahr el Abiad); il traverse un pays accidenté; son lit est semé de rochers et de rapides qui interdisent toute navigation. Il reçoit une multitude d'affluents, dont les principaux sont le fleuve des Gazelles, à gauche, le Sobat qui descend du plateau abyssin, à droite. Depuis Gondokoro, le Nil ne cesse plus d'être navigable; mais ici commence une dépression marécageuse, qui convertit dans la saison des pluies toute cette région en un vaste lac, couvert d'impénétrables roseaux. Les miasmes putrides qui se dégagent de ces terres submergées et chaudes, ont fait de nombreuses victimes parmi les voyageurs et les missionnaires.

Au delà du confluent du fleuve des Gazelles, le Nil prend sa direction au nord, non sans tracer de nombreux méandres; il est semé d'îles et de masses flottantes d'herbes jusqu'à Khartoum, où il reçoit la branche orientale qui, sous le nom de Nil Bleu (Bahr el Asrak), lui apporte le riche tribut des eaux abyssiniennes. Plus en aval, il est rejoint par un autre affluent considérable, l'Atbara ou Takazzé, descendu également du plateau oriental. Ce sont les pluies diluviennes tombant chaque année dans ces hautes terres qui sont la cause principale des crues périodiques du Nil; le riche limon qui fertilise la vallée égyptienne, est un cadeau de l'Abyssinie.

De Khartoum, la capitale du Soudan égyptien et le point de départ des expéditions scientifiques qui pénètrent en Afrique par le nord-est, le fleuve coule au nord en décrivant de vastes courbes à travers la Nubie.

Les cataractes qui se succèdent encore dans cette seconde moitié de son cours jusqu'à Assouan, n'arrêtent plus que partiellement la navigation. Au Caire, le Nil se divise et va se jeter ensuite dans la Méditerranée par plusieurs bras, dont les principaux sont ceux de Damiette et de Rosette.

Par l'étendue de son cours et le volume de ses eaux, le Congo prend immédiatement rang après le Nil. C'est également un fleuve géant; à son embouchure, il mesure près de 10 kilomètres de largeur, et jusqu'à 400 mètres de profondeur. Telle est la force du courant qu'à la distance en mer de 100 kilomètres, ses eaux ne sont pas entièrement confondues avec celles de l'Océan et qu'à 25 kilomètres de la côte, elles restent douces. L'énorme débit du Congo (51,000 mètres cubes par seconde) suppose un bassin hydrographique d'une extrême richesse. Jusque dans ces derniers temps, on n'en connaissait que le cours inférieur, jusqu'aux cataractes de Yellali; les explorations de Livingstone et de Cameron ont changé l'aspect des choses.

Le premier de ces voyageurs a découvert au cœur de l'Afrique centrale et déterminé les sources du Lualaba, que de nombreux indices font considérer comme la branche initiale du Congo. Ce fleuve, qui descend sous le nom de Tschambesi, du versant occidental du plateau de Lobisa, traverse une série de grands lacs, le Bangweolo, le Mœro, le Kamolondo, étagés les uns au dessus des autres et alimentés par de nombreuses rivières. La région qui les entoure est d'une humidité excessive; on l'a comparée à une éponge constamment imbibée d'eau; tous les trois à quatre kilomètres,

Livingstone y traversait un fleuve. A Nyangwe, le point le plus septentrional atteint par ce voyageur, et que Cameron non plus n'a su dépasser, le Lualaba, après un cours de plus de 300 kilomètres, présente une largeur de 1,600 à 1,800 mètres et une profondeur de 3 à 4 mètres. Le nombre de ses affluents est considérable; le plus important de tous, peut-être, est le Loukouga, récemment découvert par Cameron. Cette rivière déverse dans le Lualaba les eaux du vaste réservoir du Tanganyka, le premier des grands lacs que rencontrèrent Burton et Speke, dans leur expédition de 1858. Le Tanganyka, situé à une altitude de 826 mètres, mesure 670 kilomètres en longueur, de 20 à 110 kilomètres en largeur, 37,200 kilomètres carrés en superficie. Le Loukouga est son unique issue, et ce fait suffirait pour rendre compte de l'énorme volume des eaux que débite le Congo à son embouchure. En supposant, du reste, que les recherches ultérieures confirment l'identité du Lualaba et du Congo — ce qui n'est plus guère douteux, — il resterait encore à déterminer le cours moyen du fleuve; c'est à cette partie de son bassin qu'appartiennent les deux grands affluents du Kassabi et du Quango, dont Cameron vient naguère d'explorer les sources.

Le Zambèse, dont la reconnaissance intégrale demeure l'un des grands titres de gloire de Livingstone, est la troisième des colossales artères qui descendent de l'Afrique centrale. Le réseau hydrographique dont se compose son cours supérieur, se développe, entre les monts Mossamba et les hauteurs d'Ovaherero, sur une terrasse surabondamment arrosée: le Liba qui sort du lac Dilolo (1,300 mètres d'altitude), le Liambey, dont il porte quelque temps le nom, et le Tchobé sont ici ses principaux affluents. Arrivé au plateau des Batokas, il forme, en tombant en une masse d'une hauteur de 450 mètres, la célèbre chute que les indigènes appellent du nom de Mosiwatunja, c'est à dire : fumée tonnante, mais à laquelle Livingstone a donné le nom de cataracte Victoria. En aval de ce point, le fleuve s'encaisse profondément dans une vallée étroite, franchit la passe de Lupata et reçoit le Chiré, qui lui apporte, à travers un cours des plus accidentés, le tribut des eaux du lac Nyassa, autre grand bassin intérieur situé à 464 mètres au dessus du niveau de la mer et d'une étendue égale à la moitié du Tanganyka : sa longueur est, en effet, de 350 kilomètres, sa largeur moyenne, de 50 kilomètres, sa superficie, de 15,000 kilomètres carrés. Parvenu près du littoral, le Zambèse, après avoir formé de nombreuses cataractes, élargit brusquement ses rives et tombe par des bras multiples dans l'océan Indien, entre Quilimane et Luabo.

A côté de ces trois cours d'eau, d'une incomparable puissance, l'Afrique en offre un quatrième qui leur est à peine inférieur : le Niger. Ce fleuve, dont l'exploration a longtemps passionné les voyageurs, est loin d'être complétement connu aujourd'hui ; dans son développement, estimé à 3,700 kilomètres, il offre des analogies nombreuses avec le Nil, dont il reproduit, à l'extrémité opposée du continent africain, les conditions physiques en sens inverse. Il sort des mêmes montagnes dont le versant opposé donne naissance au Sénégal et à la Gambie, coule vers le nord-est jusqu'à la limite du Sahara, près de Tombouctou, ce grand marché du Soudan si rarement visité jusqu'ici; de ce point, il se dirige en traçant une vaste courbe vers le sud-est à travers les riches et populeux États des Fellata. C'est sur leurs limites méridionales que le Niger reçoit son principal affluent : le Tschadda ou Benuë, imposante rivière dont le cours inférieur seul est déterminé et dont la description ultérieure reste, à raison de la beauté de ses rives, l'un des plus intéressants problèmes de la géographie africaine. Au delà de son confluent avec le Benuë, le Niger se fractionne en une multitude de bras et finit sa course dans le golfe de Guinée en formant un delta, tristement célèbre par son insalubrité exceptionnelle.

Entre le bassin du Nil et celui du Niger, borné au nord par le Sahara, au midi par le plateau central de l'Afrique, il existe une vaste dépression dont le fond est occupé par le lac de Tsad. Ce grand réservoir, dont le Dr Nachtigal a fait naguère le tour, couvre une superficie approximative de 11,000 kilomètres carrés, étendue qui se quintuple dans la saison des pluies. Il reçoit au sud un affluent considérable, le Schari, qui n'a guère été remonté jusqu'ici à une grande distance. Schweinfurth croit en avoir découvert le cours supérieur dans l'Uelle, qui descend du versant occidental des Montagnes Bleues et, non loin de ses sources, présente déjà une largeur de 270 mètres.

Le cadre précis de cette étude nous fait borner ici ce tableau sommaire du régime hydrographique de l'Afrique. Il resterait à caractériser, pour la compléter, le Sénégal et la Gambie, dont les eaux s'ouvrent progressivement à la navigation sous les auspices de la

France qui en occupe les rives; le vaste estuaire du Gabon sous l'équateur; l'Ogowaï, qui appartient au système
de l'Afrique centrale et n'est guère entré que depuis peu
d'années dans le domaine des connaissances positives;
le Coanza et le Cunene, qui débouchent dans les possessions portugaises de la côte occidentale, mais sont encore
à peu près totalement inconnus; le Garib ou Orange, qui
dans son lit profondément encaissé traverse, sans le
féconder, le plateau septentrional du Cap; le Limpopo,
qui sert, à l'ouest comme au nord, de frontière à la république du Transvaal; le Rufuma, le Lufidschi, le Djouba,
qui arrosent la côte orientale, mais ne sont guère déter-
minés jusqu'ici à quelque distance de leur embouchure. La plupart de ces artères présentent, au surplus, les caractères communs à tous les grands fleuves
africains : des marais ou des lacs dans la région des
sources; des rapides et des cataractes sur leur cours
moyen; des deltas submergés à leur cours inférieur.
Les crues périodiques ne sont pas non plus un phénomène propre au Nil; elles se reproduisent presque
partout : celles du Zambèse, par exemple, atteignent
18 mètres au centre du continent.

La position astronomique de l'Afrique, combinée
avec le système de ses montagnes et de ses eaux,
explique son climat. C'est relativement le continent le
plus chaud du globe; les 4/5 de sa superficie appartiennent à la zone torride. Sa grande extension au nord
de l'équateur, l'étendue et le peu d'élévation du Sahara
réagissent sur la température d'une grande partie de
l'Afrique. La côte septentrionale a une température

moyenne de 12° Réaumur; au midi, ce chiffre s'élève à 16 degrés. Dans la zone équatoriale, le climat varie sensiblement à raison de l'altitude des terrasses et des plateaux; la chaleur n'est vraiment excessive que sur les côtes basses et humides, dans la Nubie et le Sahara, où le thermomètre dépasse souvent 40° Réaumur. En même temps, l'écart entre la température du jour et celle de la nuit est considérable; sous l'influence du rayonnement, il atteint parfois 36 degrés. Cette circonstance explique que, même dans ces régions, la gelée et la neige ne sont pas entièrement inconnues. L'équateur thermal, qui représente le maximum des températures moyennes de l'année (22° Réaumur), coupe l'Afrique par le 6ᵉ degré de latitude nord à la côte occidentale, s'élève à l'intérieur jusqu'au 15ᵉ et touche la côte orientale sous le 10ᵉ degré de latitude nord. Plusieurs des contrées qu'il traverse sont néanmoins, à raison de leur élévation, habitables pour des Européens; tel est notamment le cas de la plupart des régions du Soudan. Le plateau central n'est redoutable que dans ses dépressions marécageuses, et le Cap, la Cafrerie et les républiques des Boers jouissent partout d'un climat tempéré et salubre.

Sous le rapport de la distribution des pluies, l'Afrique se partage en sept zones : en Algérie, au Maroc, dans la Tripolitaine, il pleut en hiver, au printemps et en automne, jamais en été. Ces mêmes conditions se retrouvent au sud du 26ᵉ degré de latitude sud, c'est à dire dans la colonie du Cap, la république de l'Orange, la Cafrerie et Natal. Le Sahara, l'Égypte et la Nubie ne connaissent la pluie que comme un phénomène très rare. Dans la Sénégambie, le Soudan et la Guinée au nord ; au pays des Hottentots, au Transvaal, sur la côte de Sofala au midi, il ne pleut que pendant l'été. La région qui s'étend de deux côtés de l'équateur jusqu'au 4e degré reçoit des pluies chaque mois de l'année avec accompagnement ordinaire de violents orages. Enfin, dans la zone comprise entre le 4e et le 16e degré de latitude sud (Angola, Benguela, bassins supérieurs du Congo et du Zambèse, Mozambique), il pleut en été et en hiver. Dans les contrées où les pluies sont périodiques, la révolution qu'elles opèrent est saisissante : de vastes territoires desséchés et brûlés se couvrent, comme par enchantement, d'une végétation luxuriante.

La flore et la faune africaines sont d'une richesse, d'une variété extrêmes. Les récits des voyageurs abondent en tableaux animés des splendeurs de la végétation ; les impénétrables forêts vierges, les bois pittoresques de palmiers, les immenses baobab dont la circonférence atteint jusqu'à 50 mètres et dont l'âge se compte par siècles, sont des éléments bien connus de leurs descriptions. L'Afrique se prête, du reste, à toutes les cultures des pays chauds et tempérés ; elle produit toutes les céréales d'Europe, plus le dourah, les mils et le riz ; les épices ; les huiles et résines ; le café, la canne à sucre, le coton ; les plantes tinctoriales (garance, indigo, orseille) et médicinales (aloès, séné, colombo, etc.); les bois de construction et d'ébénisterie (santal, ébène, palissandre); les fruits les plus variés (ananas, figues, dattes, oranges), et enfin la vigne qui donne, en plusieurs contrées, des produits remarquables et trouve un champ presque illimité à son extension.

La faune africaine n'est pas moins richement pourvue. Dans les espèces domestiques, elle reproduit, surtout dans l'Afrique septentrionale et australe, tous les animaux européens, plus le chameau qui est propre aux déserts et aux steppes du Nord. Les espèces sauvages abondent; toutes les grandes races y sont représentées. Le lion se rencontre depuis l'Algérie jusqu'au Cap; l'éléphant, le rhinocéros, l'hippopotame, le buffle, l'antilope, la gazelle forment des troupeaux innombrables. L'autruche parcourt toutes les plaines, le crocodile hante toutes les eaux de l'Afrique tropicale. Les serpents pullulent; les singes, parmi lesquels le chimpanzé et le redoutable gorille de la côte occidentale, méritent une mention spéciale, forment des légions. Les insectes, sauterelles, fourmis, termites, la mouche tsetsé au midi, sont un des fléaux de l'Afrique, par leur multiplicité, les ravages qu'ils causent ou les tortures qu'ils infligent.

Au point de vue des productions minérales, c'est à peine si l'on entrevoit aujourd'hui les ressources du sol de l'Afrique; on y a constaté toutefois la présence des métaux précieux, de l'or surtout, du fer en grande quantité, du cuivre, du plomb, du soufre, de la houille, des pierres précieuses, notamment des diamants et des émeraudes.

Les conditions physiques qui viennent d'être sommairement indiquées permettent de se faire au moins une vague idée de la variété infinie du paysage africain, dès que l'on a franchi la limite du Sahara, au nord, celle du Kalahari, au sud. Ici, c'est l'interminable savane, avec ses hautes herbes entremêlées de bouquets de bois; ailleurs, c'est la forêt vierge qui étale l'incomparable splendeur de ses types et de ses couleurs, sous les sveltes colonnades que surmonte une triple voûte de verdure; plus loin, c'est la nature alpestre qui reparaît avec ses lacs et ses cascades, ses vallons semés de pittoresques villages, ses montagnes, aux flancs abrupts, dominant de vastes plateaux; partout des sources, des rivières, des réservoirs, unissant et confondant la masse surabondante de leurs eaux. Schweinfurth décrit avec admiration le pays des Niam-Niam, aux extrêmes limites du bassin du Nil, et vante la richesse de ses aspects; sous la même latitude (10° latitude nord), mais dans une direction tout opposée, Rohlfs appelle le plateau des Bautschi un vrai paradis; Stanley ne se lasse pas d'admirer la beauté des régions qui s'étendent en arrière de Zanzibar; Linant de Bellefonds compare l'Uganda, avec ses splendides cultures de bananiers, aux plus belles contrées de l'Italie; la magnificence du bassin du Lualaba enthousiasme Livingstone déjà mourant. Cameron, enfin, caractérise l'intérieur de l'Afrique centrale comme un pays presque toujours merveilleux et salubre, d'une incroyable richesse.

Ces riants tableaux ont, il est vrai, leurs ombres. Les relations des voyageurs témoignent, à chaque page, des souffrances qu'il faut endurer, des périls qu'il faut braver, pour atteindre ces terres lointaines et leur arracher leurs secrets. Combien d'entre eux ont payé de leur vie les belles découvertes qui les ont immortalisés! Quelque combinaison qu'on conçoive pour faciliter leur tâche, il serait téméraire d'espérer que les quatre millions de kilomètres carrés qu'il reste à découvrir dans l'Afrique centrale seront conquis à la science sans de nouveaux et cruels sacrifices. Mais, d'un autre côté, il est certain aussi que l'Afrique n'oppose pas aux Européens des obstacles physiques plus insurmontables que ceux qu'il a fallu vaincre dans les deux Amériques, dans les Indes et Java, ou même dans l'Australie. Quand cette conviction sera devenue générale, il suffira de quelques efforts bien dirigés pour faire tomber les derniers voiles.

CHAPITRE III

La conformation physique du continent africain a
exercé une influence prépondérante sur l'histoire et la
civilisation des peuples qui l'habitent. La pensée dont
Ch. Ritter a fait la base de sa célèbre *Géographie comparée*, semble avoir été suggérée par l'étude de l'Afrique, où elle a trouvé sa première et sa plus féconde
application. La ligne régulière et droite des côtes, les
chutes et les rapides dont les fleuves sont semés, ont eu
pour effet de concentrer sur elles-mêmes l'activité des
populations indigènes. Toutes, elles se sont arrêtées aux
éléments de l'art nautique; l'Océan ne les a pas attirées
loin de leurs rivages, qui sont restés pour elles le terme
du monde. Les anciens Égyptiens eux-mêmes ne font
pas exception à cette règle; jamais ils n'ont été un
peuple de navigateurs.

A ce motif d'isolement est venue se joindre l'immense barrière du Sahara, qui s'étend de la vallée du
Nil jusqu'aux côtes de l'Atlantique, et dont, avant l'ac-
climatation du chameau en Afrique par les Ptolémées,
aucun être humain n'avait pu songer à franchir les

arides solitudes. Cette double circonstance a fait que, pendant toute la durée de l'antiquité, l'influence des nations civilisatrices a trouvé sa limite à la zone septentrionale de l'Afrique et n'a pas dépassé la chaîne de l'Atlas ou la vallée du Nil. Ces régions seules se sont trouvées en contact régulier avec l'Europe et l'Asie; c'est là qu'ont fleuri les civilisations de l'Égypte, de la Cyrénaïque, de Carthage, des provinces romaines; c'est par là encore que de rares éléments de culture ont pénétré chez les peuples de l'intérieur. Ainsi, l'art de fondre le fer, qui est demeuré inconnu aux aborigènes de l'Amérique, s'est répandu de proche en proche jusqu'à l'extrémité méridionale du continent et en est devenu le commun patrimoine.

Ces observations rendent raison d'un phénomène intéressant, constaté par tous les voyageurs : c'est qu'au point de vue du développement intellectuel et social, les peuples africains se classent d'après une échelle décroissante dans la direction du Nord au Sud et de l'Est à l'Ouest. Les Nègres de la côte occidentale sont les plus arriérés parmi leurs congénères; les Betschuana, qui habitent dans le voisinage immédiat du Cap, occupent, pour ainsi dire, le dernier échelon dans la hiérarchie des races. Il existe même des indices nombreux d'un refoulement des populations dans les mêmes sens. Les tribus plus énergiques, plus industrieuses du Soudan, du haut Nil, des Cafres, repoussent sans cesse devant elles, vers les rivages de l'Atlantique comme vers les hauts et stériles plateaux qui s'étendent au nord du Cap, les peuplades qui leur sont inférieures. N'était le peu de densité relative de la population africaine, n'étaient surtout les pertes énormes que lui inflige la traite, ce mouvement aurait sans doute produit des perturbations plus profondes.

Sous le rapport ethnographique, les habitants de l'Afrique se classent par zones avec une régularité en quelque sorte mathématique. Tout le Nord, jusqu'à la limite méridionale du Sahara, appartient à la race caucasique. Depuis le désert jusqu'à l'extrémité de la zone tropicale s'étend la patrie du nègre. Au delà, resserrée de plus en plus par les établissements européens du Cap et des Boers, se maintient encore la race épuisée des Hottentots et des Betschuana.

Ce dernier groupe n'a qu'une importance secondaire. Les peuples dont il se compose semblent voués à une extinction prochaine; ils mènent la vie nomade, les Betschuana en chasseurs, les Hottentots en pâtres. Toutefois, si misérable que soit leur condition physique et sociale, quelque profonde qu'apparaisse chez eux la dégénérescence de l'espèce, ces peuples ne laissent pas d'exciter, à certains égards, un vif intérêt. Les voyageurs modernes ont été frappés, par exemple, de la beauté, du remarquable degré de développement de l'idiome des Hottentots, qui offre des analogies étonnantes avec la langue des anciens Égyptiens. Il serait sans doute téméraire de fonder des inductions sur un tel fait, mais si on le rapproche de la découverte récente, due à Ch. Mauch, des ruines imposantes de Zimbabé, au nord-est de la contrée habitée actuellement par les Hottentots, on s'aperçoit de tout ce que l'étude de l'Afrique peut encore ouvrir de perspectives imprévues à la science. Mais il nous faut clore cette parenthèse pour revenir aux deux groupes dominants des populations africaines; l'un et l'autre comprennent plusieurs grandes subdivisions.

Les Caucasiens d'Afrique se partagent en deux branches principales : ceux de langue hamitique et ceux de langue sémitique.

A la première catégorie appartenaient les anciens *Égyptiens* dont la race ne survit plus que dans le débris insignifiant des Coptes. Les Libyens, qui portent aujourd'hui le nom de *Berbères,* se sont en revanche maintenus, grâce au désert qui est leur vrai domaine. Les Numides, les Gétuliens, les Maures, sont les ancêtres de cette grande famille qui se retrouve au Maroc (les Masig), en Algérie (les Kabyles, les Mosabites), dans la Tunisie et les oasis, surtout dans le Sahara occidental où les Touareg en sont les représentants les plus caractéristiques. Des groupes de Berbères se rencontrent en Nubie sur le Nil moyen et les bords de la mer Rouge; les Galla, qui habitent les plaines au sud de l'Abyssinie, peut-être même les Somali, qui occupent le promontoire extrême de l'Afrique orientale, sont également des rameaux de la même souche.

Les Berbères ont en général le teint clair, les traits nobles et accentués. Ils ont conservé beaucoup d'éléments de la physionomie, des mœurs, de la culture des vieux Égyptiens. Les Touareg à l'ouest, les Galla à l'est, en reproduisent le type de la façon la plus pure : ce sont des peuples nomades, belliqueux, d'un caractère énergique et dur; ils sont tour à tour les auxiliaires ou les pires ennemis des caravanes qui transportent, à travers le désert, les produits de l'Afrique centrale. Les peuples berbères ont rarement fondé des États; leur développement politique s'est arrêté à la tribu.

Les Caucasiens de race sémitique sont représentés en Afrique par trois groupes : les *Arabes,* qui se sont répandus comme un torrent sur l'Afrique, repoussant au nord les Berbères de toutes les contrées du littoral de la Méditerranée et de l'Atlantique, fondant sur la côte orientale le sultanat de Zanzibar, imposant leur langue, propageant leur religion dans la moitié environ du continent africain; les *Juifs,* qui ont constitué de petites communautés sur divers points de la zone septentrionale, mais n'ont nulle part conquis l'indépendance; les *Abyssiniens,* qui maintiennent, à travers bien des vicissitudes, sur les hauts plateaux de leur pays, une nationalité souvent menacée et une image à peine reconnaissable du christianisme.

Dans le cours des temps modernes, mais surtout au XIXe siècle, la race caucasique s'est accrue sur le sol africain d'un élément nouveau. Les peuples européens ont commencé à y étendre leurs possessions et leur influence, tant sur la terre ferme que dans les îles. Les Français, dans l'Algérie et la Sénégambie, — les Anglais, sur la côte de Guinée, au Cap, à Natal, — les Néerlandais, dans les deux républiques du Sud, — les Portugais, dans les îles du cap Vert et les provinces d'Angola, de Benguela, de Mozambique, — les Espagnols, aux îles Canaries et à Fernando Po, ont fondé des colonies, des établissements commerciaux, des foyers de civilisation, qui ne peuvent manquer de rayonner

vers l'intérieur du continent. Toutefois, le chiffre jusqu'ici singulièrement restreint des colons européens et
les obstacles que les déserts ou les montagnes opposent,
sur la plupart des points où ils se sont établis, à l'extension de leurs rapports avec les indigènes, font que
leur présence n'a pas produit tous les effets qu'on serait
en droit d'en espérer. Si l'Égypte moderne continue à
se développer dans la voie du progrès, où l'ont intro-
duite ses derniers souverains, elle peut contribuer de
la manière la plus efficace à l'œuvre entreprise par les
nations de l'Europe.

Derrière le désert du Sahara, depuis l'Atlantique
jusque sur le haut Nil, s'étend au midi le vaste empire
des peuples nègres. La ligne de transition n'est pas aussi
marquée qu'on le croit communément. C'est ainsi que
l'origine de la tribu des Tibbou ou Téda, répandus
dans la moitié orientale du Sahara, est contestée, tant
les caractères physiques paraissent incertains. Les
mêmes difficultés se rencontrent dans le classement
des Fulbe ou Fellata : c'est ce qui faisait dire au savant
Munzinger que, « après une observation attentive, le
voyageur consciencieux ne discerne plus où commence
vraiment le type nègre et cesse de croire à la séparation
absolue des races ».

La science contemporaine a confirmé cette assertion ;
une véritable révolution s'est opérée dans les idées qui
ont eu trop longtemps cours à l'égard des populations
de l'Afrique centrale. Quand, naguère encore, il était
question de Nègres, combien de personnes se repré-
sentaient des êtres tout à fait inférieurs, menant une

existence purement animale, étrangers à toute espèce de culture, habitant les bois en groupes épars, presque à l'égal des singes, avec lesquels on n'était parfois pas éloigné de les confondre? Le type physique en était devenu légendaire : un crâne ovoïde, un front bas et fuyant, les mâchoires très saillantes, le nez écrasé, les lèvres épaisses, des cheveux courts, crépus, ressemblant à des flocons de laine, un teint noir d'ébène, les bras allongés, les pieds plats, etc. Tels étaient les signes caractéristiques de la race, dans l'opinion générale et même chez les auteurs.

Or, il est important de constater que, d'après le témoignage concordant de tous les voyageurs, l'ensemble de ces traits ne se rencontre chez aucune peuplade, pas même la moins élevée dans l'échelle de la race. Le Nègre typique, dit Winwood Reade, est une rare exception. Le teint passe, chez les Nègres, par toute la gamme des nuances, depuis le noir foncé et le cuivre rouge jusqu'au jaune clair, tirant presque sur le blanc (Fellata); le prognathisme et l'épaisseur des lèvres disparaissent chez nombre de tribus; quantité d'entre elles ont le nez droit et pointu, les cheveux longs et lisses ne sont pas rares, et Schweinfurth a vu des Nègres blonds. Des voyageurs déclarent avoir fréquemment rencontré en Afrique des profils grecs; Livingstone vante la beauté plastique des Africains de la région équatoriale. Parlant d'une de leurs nations, il écrit dans son dernier journal : « C'est une belle race; je soutiendrais la supériorité d'une compagnie de Manyéma, tant pour la forme de la tête que pour celle du corps et des membres, contre toute la Société

anthropologique de Londres. Beaucoup de femmes
ont la peau d'une nuance très claire et sont fort
jolies. » Ce langage s'applique à une tribu habitant au
cœur de l'Afrique, à quelques degrés au sud de l'équateur, et ce n'est nullement une exception : il faut donc
renoncer à de vieux préjugés et reconnaître que la
nature n'a pas disgracié physiquement les Nègres, au
point de les exclure, en quelque sorte, de la famille
humaine.

Les Nègres, dont on évalue le nombre total à 150 millions d'âmes, forment une seule race, subdivisée en
deux groupes principaux, qui se fractionnent eux-
mêmes en une multitude d'unités inférieures. Ces
groupes sont :

1° Les Nègres Soudaniens, qui se sont répandus de
la Sénégambie aux sources du Nil et descendent, au
midi, jusqu'au 4e degré de latitude nord;

2° Les Nègres Bantous ou Cafres, qui occupent toute
l'Afrique centrale jusqu'aux limites méridionales du
bassin du Zambèse qu'ils franchissent même sur la
côte orientale où ils s'avancent jusqu'au Cap.

Les Nègres Soudaniens offrent une grande variété de
types et de degrés de civilisation. Les Fulbe ou Fellata
tiennent parmi eux le premier rang; la filiation ethnographique en est incertaine ; quelques auteurs pré-
tendent même y voir une race distincte de celle des
Nègres. Les Fellata ont le teint brun clair, parfois oli-
vâtre, le nez aquilin, la bouche régulière, les cheveux
généralement longs et soyeux; la physionomie est

noble, la structure du corps vigoureuse : c'est à peine s'ils se distinguent, sous tous ces rapports, des habitants des contrées méridionales de l'Europe. Le caractère moral de ce peuple répond à l'idée que fait naître son aspect physique. Le courage, la franchise, la dignité d'attitude, l'énergie, la résolution en sont des traits distinctifs. Le sentiment religieux est très développé chez les Fellata; ce sont des sectateurs fanatiques de l'islamisme, dont ils sont devenus les infatigables apôtres parmi les tribus païennes. Ils sont laborieux, se livrent à l'agriculture et à l'élève du bétail, et cultivent avec succès diverses branches d'industrie.

Le nombre des Fellata est évalué de six à huit millions. Leur principal établissement se trouve en Sénégambie, depuis les bouches du Sénégal jusque dans le massif montagneux d'où sort le Niger. De cette région, ils se sont propagés d'un côté, vers le sud, jusque dans le voisinage de la côte de Sierra-Leone, d'un autre côté vers l'est, dans le bassin du Niger, où ils sont devenus l'élément prépondérant sinon exclusif. Ils y ont fondé les trois États considérables de Massina, dont Tombouctou (20,000 âmes) est la cité principale, de Gando et de Sokoto. Vers le sud-est, ils s'étendent jusque dans l'Adamaua, province qu'aucun voyageur n'a encore parcourue. En dehors des contrées qu'ils dominent, leur influence se fait sentir dans tous les États nègres du bassin du lac Tsad et jusque dans le Dar Four.

Les Nègres Soudaniens proprement dits, dont les Kanuri du Bornou représentent le type caractéristique, diffèrent sensiblement de leurs voisins de l'ouest. Ils

sont grands et forts; le visage est large, le nez plat, la
bouche grande, la physionomie en général peu at-
trayante. Cette conformation physique n'est pourtant
pas uniforme; la population de certains districts du
Bornou même s'en éloigne au point que la beauté de
ses femmes est renommée dans toute l'Afrique septentrionale. Ces Nègres ont le caractère doux, indolent,
craintif; l'introduction de l'islam les a scindés en deux
catégories : les croyants et les infidèles.

Les Soudaniens musulmans ont vu, sous l'influence
de cette doctrine religieuse, se transformer leur état
social. Ils ont fondé une série de principautés plus ou
moins indépendantes, reproduisant d'une manière
assez fidèle le type ordinaire des États régis par le
Coran. Quatre de ces États entourent le lac Tsad :
le Bornou à l'ouest, le Kanem au nord, le Wadaï à
l'est, le Bagirmi au sud-est. Deux autres, le Dar Four
et le Kordofan, situés à l'extrémité orientale du
Soudan, viennent de passer sous la souveraineté de
l'Égypte.

Tous ces États sont gouvernés par des chefs absolus
qui se donnent le titre de sultan; ils possèdent une hiérarchie sociale strictement délimitée, de petits corps de
troupes, pourvus en partie d'armes à feu (l'armée du
Bornou compte 30,000 hommes, la plupart montés),
des capitales dont quelques unes, comme celle du Bornou (Kouka), par exemple, ne renferment pas moins de
60,000 âmes. Ces capitales ont des rues régulières, des
maisons bâties en bois ou en terre. L'industrie, naturellement primitive, ne laisse pas d'avoir atteint, en
de certaines branches, des résultats remarquables. Les

produits de l'Europe pénètrent jusqu'ici par les caravanes arabes qui viennent du Maroc ou de Tripoli; avec
des richesses agricoles en quelque sorte inépuisables, ces
contrées ne lui rendent malheureusement que de l'ivoire
et des plumes d'autruche. L'esclavage, qui y est une
institution universelle, paralyse le développement de
l'industrie en avilissant le travail; le trafic de l'homme,
qui est la conséquence directe de l'esclavage, a cet effet
propre en Afrique de rendre le commerce régulier
impossible. Les longs séjours que les voyageurs allemands de ces derniers temps, tels que Barth, Rohlfs et
Nachtigal, ont faits dans les principautés du Soudan,
nous ont initiés aux moindres détails de leur organisation.

Les Nègres païens de cette région n'ont pas atteint
le degré de culture de leurs frères musulmans; toutefois, les Aschanti et les Dahomiens, quelque hostiles
qu'ils se soient montrés à diverses reprises aux Européens, ont développé chez eux les rudiments d'une
civilisation. L'État de Joruba, qui confine à l'ouest au
Dahomey, renferme des villes comme Ilori et Ibadan,
dont la population s'élève de 70,000 à 100,000 âmes;
ces grandes cités, qui ont des rues régulières, des marchés et des places publiques, possèdent des relations
commerciales étendues et actives.

Les Nègres du Haut-Nil, les Schilluk, les Dinka, les
Djur, etc., sont, à tous égards, les moins avancés parmi
les Nègres païens du Soudan. Toutefois, à mesure que
l'on pénètre de ce côté plus profondément dans le cœur
de l'Afrique, l'état social des populations change également d'aspect. Là se rencontrent, entre autres, les peu-

ples des Niam-Niam et des Monbuttu qui, par le développement physique de la race comme par les industries et les arts qu'ils cultivent, appartiennent si manifestement à un ordre supérieur qu'on les a crus parents des Fellata de l'Ouest.

Le second des deux grands groupes de populations indigènes de l'Afrique centrale est formé par les Nègres Bantou. Ils appartiennent à la race cafre, dont ils reproduisent le type, non sans de nombreuses déviations et nuances. En général, ces nègres ont le teint plus clair que ceux du Soudan; l'ensemble des traits caractéristiques de ces derniers est sensiblement affaibli. Sauf sur la côte orientale, du côté de Zanzibar, ils sont restés absolument rebelles à l'islamisme; celui-ci n'a pas altéré par conséquent chez eux les institutions primitives. Le fractionnement de ces peuples est extrême; le nombre des communautés qu'ils forment est aussi considérable que la composition en est mobile. La famille est restée la base de leur organisation politique; rarement ils se sont élevés au dessus de la vie de tribu. L'autorité des chefs est circonscrite à quelques villages; elle n'est guère aussi despotique que dans les États musulmans, quoiqu'elle soit fréquemment arbitraire et cruelle. Les lois de succession sont incertaines; les agglomérations, peu stables. Cependant, les voyageurs anglais qui ont presque exclusivement exploré ces régions, Livingstone et Cameron surtout, nous ont fait connaître quelques États importants du centre de l'Afrique. Tels sont les empires du Muata-Yamvo, à l'est du gouvernement portugais d'Angola, du Cazembe, au sud-ouest du lac Tanganyka, des Makololo, sur le haut Zambèse, des Matebele sur la rive droite de ce même fleuve, etc. Plus au nord, les expéditions dirigées vers les sources du Nil ont révélé l'existence de toute une série d'États répandus sur les bords des grands lacs; ceux de Karagwe, de Kittara, d'Uganda avec son roi Mtesa n'attendent, d'après leurs dispositions bien connues, pour entrer dans les voies de la civilisation, que l'établissement d'une ligne régulière de communications avec la côte.

La classification des Nègres, au point de vue religieux, correspond assez exactement à leur division ethnographique. Une ligne oblique tracée de l'embouchure du Sénégal à Zanzibar délimite les deux grandes formes du culte. Tout ce qui est au nord de cette ligne, l'Abyssinie et les tribus nègres du Haut-Nil exceptées, appartient à l'islamisme; au midi, règnent le fétichisme et l'idolâtrie. Le culte des mânes ou des ancêtres existe chez de nombreuses peuplades; il donne lieu à de fréquents sacrifices humains. La croyance à la magie, à la sorcellerie, aux talismans, est partout répandue; elle est la source de bien des calamités. La grossièreté du fétichisme et les souffrances qu'il engendre viennent activement en aide à la propagande de l'islam; mais celui-ci n'est lui-même qu'un demi-progrès. La polygamie, l'esclavage et le despotisme qu'il installe partout avec lui, ne comportent qu'un degré inférieur de civilisation.

Les institutions politiques et sociales des Nègres, sauf dans les principautés du Soudan, sont restées dans l'état d'enfance; les institutions judiciaires sont mieux développées. Chez beaucoup de peuples, on constate un instinct juridique remarquable; les procès sont très suivis et les parties ne sont pas en faute d'arguments captieux. On rencontre jusqu'à trois degrés d'instances; la cour supérieure est formée par les anciens qui prononcent d'après la coutume. Si les antécédents font défaut, on se consulte entre tribus. La calomnie est réprimée à l'égal du vol; l'avortement est qualifié crime.

L'organisation de la famille souffre chez tous les Nègres de l'existence de la polygamie et de l'esclavage : ce double fléau est universel. Le sentiment filial est très développé, mais il remonte presque exclusivement à la mère. Les Damara prêtent serment « par les larmes de leur mère ». Les femmes nègres justifient ce culte par les soins maternels dont elles entourent leurs enfants. La vie domestique a un grand caractère de simplicité; les besoins sont très bornés. Le goût de la toilette existe et se manifeste fréquemment par les déguisements les plus grotesques; mais, en général, le costume, sauf dans les États du Soudan, est réduit aux vêtements les plus indispensables; l'état de simple nature n'est pas rare. Le caractère dominant du nègre est celui d'un grand enfant : il est naïf, insouciant, paresseux, d'une gaîté folle, épris de fêtes, de musique et de danse. La bienveillance lui est naturelle, mais les rapports avec les marchands d'esclaves le rendent défiant, parfois cruel. Un trait à signaler, c'est l'existence, à des degrés divers, du cannibalisme chez de nombreuses peuplades : par une contradiction bizarre, ce sont ordinairement les plus belles de type, les plus avancées en civilisation.

L'agriculture et l'élève du bétail sont les deux principales industries des Nègres ; la première prévaut dans les États du Soudan, la seconde dans l'Afrique centrale. La richesse en céréales et en troupeaux est très grande ; la production en comporte un développement quasi illimité. Plusieurs cultures, comme celles du doucq et de l'amande de terre (*arachis hypogœa*) paraissent indigènes ; celles du maïs, du manioc, des blés, de l'orge, de la canne à sucre sont répandues dans toute l'Afrique équatoriale, mais ont été importées du dehors. Il est à noter que les Nègres font partout usage du lait et de ses dérivés.

Parmi les arts industriels cultivés par les peuples de l'intérieur de l'Afrique, on remarque en premier lieu la poterie, où ils font preuve d'habileté et de goût. Tous, depuis l'habitant du Kordofan jusqu'au Hottentot, savent fondre les minerais de fer et de cuivre ; ils en tirent un métal très pur dont ils confectionnent des ustensiles et des armes. Dans le Bornou, on est parvenu à fondre des canons ; sur plusieurs points, on fabrique des fusils, des casques, des cottes de mailles. Les Aschanti travaillent l'or et ont d'habiles orfévres. Le tannage des peaux, le tissage des nattes, l'art de filer, de tisser, de teindre le coton, sont fort répandus parmi les Nègres, et beaucoup de leurs produits sont remarquables par la solidité ou la finesse du travail. Ces créations d'une industrie naissante méritent l'attention de l'Europe. Le Nègre est peu inventif par lui-même, mais il possède à un haut degré le désir et la puissance d'apprendre; il s'assimile aisément les connaissances qu'on met à sa portée et, pour élever d'emblée et considérablement le niveau de son état moral et social, il suffirait d'organiser chez lui l'enseignement pratique des arts et métiers de l'Europe.

Le commerce existe, sous des formes rudimentaires, dans toutes les contrées de l'Afrique centrale; chaque village a un marché, les villes en ont plusieurs. Les marchandises se payent en nature ou en monnaie; les thalers à l'effigie de Marie-Thérèse dans les États du Nord, la poudre d'or, les cauris (le billon africain), sont les principaux moyens d'échange. Le commerce intérieur, dont les denrées forment la base, est assez actif; l'exportation est réduite à un petit nombre d'articles, parmi lesquels figurent l'ivoire, les plumes d'autruche, les gommes, etc. Le plus important de tous est toutefois l'*homme* lui-même. Ici se présente la question de la traite; ce grave sujet mérite la plus sérieuse attention, car, de l'avis de tous les voyageurs et missionnaires, il exerce une influence prépondérante sur l'état moral et social des peuples de l'Afrique centrale, et il ne faut pas songer à les civiliser, tant qu'on ne sera venu à bout de ce que Livingstone appelait avec raison l'INIQUITÉ MONSTRE.

CHAPITRE IV

LA TRAITE AFRICAINE AU XIXe SIÈCLE. — TERRITOIRES SUR LESQUELS ELLE S'ÉTEND. — CARACTÈRE ET IMPORTANCE DE SES OPÉRATIONS.

Ce n'est pas un des phénomènes les moins étranges de ce siècle de publicité que l'ignorance à peu près générale, l'indifférence même qui règnent parmi nous à l'égard de la traite africaine. S'il est pourtant un sujet qui s'impose à un haut degré à la pitié comme à la justice de l'Europe, c'est bien celui-là. Sur un continent en contact direct et continu avec le nôtre, à nos portes et presque sous nos yeux, s'est organisé et prospère un système de brigandage, de dévastations et de massacres, dont les guerres les plus sanglantes de l'histoire ont à peine égalé de loin en loin les horreurs journalières. Depuis l'abolition de l'esclavage en Amérique, depuis la proscription officielle de la traite par tous les peuples civilisés, il semble que la chasse à l'homme aurait dû naturellement disparaître ou du moins se réduire à des proportions insignifiantes. Il n'en a rien été. Le trafic des esclaves existe; il a ses marchés réguliers d'approvisionnement et de vente, et le nombre de ses victimes se compte chaque année par centaines

de mille. Envisageons un instant de près cet abominable commerce : les détails nous en sont révélés par
les documents parlementaires anglais comme par les
voyageurs africains, et ont été résumés avec autant de
science que de cœur par M. Berlioux, dans son ouvrage
sur « la Traite orientale [1] ».

La chasse à l'homme est organisée dans trois grandes
régions de l'Afrique : les États du Soudan, la vallée du
Haut-Nil et le plateau central. Sur la côte occidentale,
les croisières ont à peu près tué l'odieux trafic.

Dans le Soudan, les pourvoyeurs des marchands
d'esclaves ne sont autres que les princes indigènes
eux-mêmes. C'est la principale source de leurs revenus. Disciples de l'islam, ils considèrent les populations
païennes, sujettes ou non de leurs États, comme
dépourvues de toute espèce de droits vis à vis des
croyants ; les razzias qu'ils organisent et auxquelles ils
intéressent les chefs et soldats de leurs petites armées,
s'étendent sur de vastes territoires. On entoure et on
incendie les villages, on tue tout ce qui résiste ou
paraît impropre à la marche, au travail, au plaisir ; on
emmène le reste. Les dévastations et le carnage qui
marquent ces sinistres expéditions sont indescriptibles ;
des provinces entières qu'on avait vues naguère populeuses et prospères, se retrouvent parfois, au bout de
quelques années, désertes et arides.

Les produits de ces chasses sont amenés sur les

---

[1] Paris, 1870. On consultera également avec fruit : J. Cooper, *The lost
continent*. London, 1875.

marchés de l'intérieur ; Kouka, dans le Bornou, est l'un des principaux. « Les acheteurs de Kouka, écrit M. Berlioux, savent leur métier. Aussi la marchandise est étalée dans sa triste laideur : les esclaves sont sales, couverts de misérables haillons. On les examine, on mesure leur taille, on leur ouvre la bouche pour voir les dents, on s'informe s'ils mangent bien, car l'appétit est regardé comme un signe de santé. Un jeune garçon coûte de 15 à 30 thalers (le thaler vaut 3 fr. 75 c.). Une jeune fille se vend de 30 à 60 thalers ; les jeunes Fellata, dont la couleur est claire et dont les traits sont réguliers, coûtent toujours plus cher. Un vieillard ou une mère se donne pour un prix de 3 à 10 thalers. C'est aussi le prix d'un enfant. Le lundi, le jour de marché, il arrive souvent des milliers d'esclaves qui sont mis en vente ; tous les autres jours, on est sûr d'en trouver de petites troupes de quelques centaines. On voit qu'il est amené, chaque semaine, sur la place de Kouka, au moins cinq ou six mille esclaves. »

Une partie de ces malheureux restent dans le pays pour les besoins de l'intérieur ; la grande masse en est achetée par des marchands arabes et acheminée à travers le désert, sous un soleil ardent et par des routes arides de 12 à 1500 kilomètres de longueur, vers Mourzouk, la capitale du Fezzan, province tributaire de la Turquie. Ce que ces troupes d'esclaves — la grande caravane annuelle de Kouka en emmène seule environ 4,000 — éprouvent de privations et de tortures dans cette marche prolongée, est inimaginable. « Des deux côtés de la route, dit G. Rohlfs, nous voyons les ossements blanchis des esclaves morts ; quelques squelettes ont encore le *katoun* (vêtement) des Nègres. Même celui qui ne connaît pas le chemin du Bornou n'a qu'à suivre les ossements dispersés à gauche et à droite de la voie et ne se trompera point. »

Le commerce des esclaves au Fezzan est estimé à 10,000 têtes par an; un seul marchand en avait importé, en une année (1864), 1,100. Ce bétail humain est introduit la nuit avec la complicité des agents turcs qui touchent une prime de 10 francs par esclave. De Mourzouk, les caravanes s'acheminent à l'est, par les oasis, vers le Caire, où elles écoulent leur marchandise. On peut se faire une idée de la grandeur du mal que produit la traite dans le Soudan, quand on songe qu'elle enlève annuellement environ 15,000 hommes, qu'elle en détruit au moins un nombre égal, qu'elle répand l'insécurité et des craintes perpétuelles parmi quantité de tribus et condamne à la stérilité des provinces d'une richesse incomparable.

Le second théâtre de la traite se rencontre dans la vallée du Haut-Nil, parmi les tribus nègres, fort arriérées des Schillouk, des Dinka, des Djour, etc. Les organisateurs en sont, d'une part, des marchands égyptiens et arabes, d'autre part, des aventuriers de tout pays, l'écume des nations européennes. C'est le commerce de l'ivoire qui a été le point de départ de la traite et sert à la déguiser aujourd'hui. Les traitants se choisissent chacun un champ d'opération, grand parfois comme une province; au milieu, on construit un camp retranché habité par l'entrepreneur ou son lieutenant, les gens de service, les chasseurs et soldats

dont le nombre varie de 100 à 300 : c'est ce qu'on
appelle un *Seribah*. Au début, ces hommes avaient
pour mission de donner la chasse aux éléphants; il y
a longtemps que ce moyen primitif de faire fortune
est abandonné. On a trouvé plus avantageux d'abord
d'acheter aux Nègres l'ivoire dont ils disposaient, puis de
le leur prendre; une fois là, on a complété l'opération
en enlevant les troupeaux et finalement les gens eux-
mêmes. Depuis plus de vingt ans, la chasse à l'homme
s'est établie dans ces contrées sur le même pied qu'au
Soudan, et l'on se fera une idée de son activité par ce
fait, qu'en 1864 une seule battue avait amené la capture
de 8,000 esclaves.

Le quartier général de la traite est établi à Khartoum,
sous les yeux trop peu vigilants des autorités égyptiennes; de ce point, la majeure partie des esclaves est
dirigée sur Massaua, d'où ils sont conduits sur les
marchés de l'Orient; ils arrivent à Khartoum par les
affluents du Nil, serrés, enchaînés comme du bétail,
dans des bateaux, habitacles ordinaires de la petite
vérole et de la peste.

Il existe une vingtaine de *Séribah* sur le Haut-Nil;
le bénéfice moyen de chaque patron est évalué par
sir Sam. Baker à 450 esclaves par an; les soldats et
chasseurs reçoivent leur solde en esclaves. Ces faits
indiquent un total annuel d'au moins 20,000 têtes. Si
l'on y ajoute les hommes pris, dans les razzias, on
ne saurait estimer à moins de 30,000 le chiffre des
Nègres que la traite enlève chaque année dans la vallée
du Nil supérieur, non compris ceux qui restent sur
le champ de bataille ou en route.

Le plateau central de l'Afrique est le troisième théâtre où s'exerce cet exécrable trafic : nulle part il n'a produit de plus cruels ravages. A peine le voyageur a-t-il dépassé les limites du sultanat de Zanzibar, qu'il rencontre les régions de l'Ousagara, de l'Ougongo, jadis appelées le jardin de l'Afrique, aujourd'hui devenues incultes et désertes sous l'influence de la traite : les habitants dispersés dans les bois guettent désormais d'un œil hostile le passage du voyageur et des caravanes. Dans toute cette zone orientale, la traite a pris l'aspect d'une guerre de race : c'est la lutte de l'envahisseur arabe contre le Nègre indigène, le premier armé du fusil et du revolver, le second n'ayant d'autres armes pour se défendre que la javeline et la flèche. Les expéditions pénètrent à de grandes distances dans l'intérieur; elles arrivent au delà du Tanganyka jusque dans le royaume du Cazembe. Sur quelques points, les traitants arabes ont découvert l'art d'associer à leurs infernales opérations ceux-mêmes qui en sont les victimes. La chasse se complique alors d'une foule de guerres intestines entre tribus, qui la rendent plus fructueuse pour les spoliateurs, plus désastreuse encore pour les indigènes. Sous l'influence de ces dégradantes alliances, on a vu des Nègres se vendre entre eux et livrer à l'esclavage leurs propres enfants.

C'est à Kazeh ou Taboro, à quelque cent lieues de la rive orientale du Tanganyka, que se trouve l'entrepôt général des traitants arabes. « Ici, du plateau à la mer, du point où la razzia s'est faite au port où on s'embarque, la route ne comptera plus de longues semaines, et l'on peut voyager en moins grand nombre. Mais il faut aller vite, car derrière les rochers ou dans la profondeur des taillis, il peut se cacher des embuscades. L'indigène n'épargne pas l'Arabe, s'il trouve l'occasion favorable. Marcher rapidement, c'est l'ordre répété aux esclaves enchaînés; mais quand l'ordre n'est plus entendu, quand le bâton n'a plus d'action sur le misérable que la fatigue abat, sans pitié on l'abandonne au milieu de la solitude. M. Baker nous parle d'un convoi ramené, non par des Arabes, mais par des Turcs : les vieilles femmes enlevées dans la razzia ne marchaient pas assez vite. Dès que la fatigue en faisait tomber une, on l'assommait; un coup de massue sur la nuque, et il ne restait qu'un cadavre agité par la mort. Le chemin était marqué par ces jalons effroyables. Lorsque la mer est proche, lorsque le danger semble éloigné, alors l'intérêt du marchand conseille un peu plus de précaution. S'il reste dans la troupe des hommes que la faim et la fatigue aient un peu épargnés, on les charge de porter leurs compagnons affaiblis. Il y a quelque chose d'horrible et qui soulève le cœur dans la vue d'une pareille caravane. La troupe ne marche plus réunie; les malheureux sont échelonnés par groupes le long du sentier, chancelants, semblables à des squelettes; leur visage n'a plus d'autre expression que celle de la faim, leurs yeux sont ternes et enfoncés, les joues sont devenues osseuses. Il est temps d'arriver au terme de la course. Mais que va-t-il donner aux malheureux, ce terme du voyage? Les noirs bateaux sont là, avec leur cale sombre, étroite, fétide, pour la marchandise humaine. Voilà, dans toute sa laideur physique, le commerce des esclaves;

il serait plus effrayant encore s'il pouvait étaler à nos yeux les plaies morales, les vices, la dégradation hideuse que l'esclavage produit chez le maître comme chez l'esclave [1]. »

Ce lamentable et révoltant tableau n'emprunte rien à l'imagination; il est rigoureusement confirmé dans tous ses détails par les récits des voyageurs. Il se renouvelle toute l'année, du côté oriental du plateau africain, sur une étendue de plus d'un million de kilomètres carrés, du sommet du Tanganyka à l'extrémité du lac Nyassa. C'est même sur les rives de ce dernier lac que la traite est la plus active, la plus désastreuse dans ses effets. En 1851, Livingstone visita cette contrée inconnue avant lui; il y trouva une population nombreuse, livrée aux travaux de l'agriculture, initiée aux premiers arts de la civilisation. Le climat lui parut si beau, la terre si féconde, les hommes si bienveillants, qu'il conçut le projet de fonder une colonie dans ces parages. Dix ans après, en 1861 et 1863, l'illustre voyageur repassait dans les mêmes lieux : il ne les reconnut plus; la traite y avait pénétré dans l'intervalle. Les plantations avaient disparu; les villages étaient incendiés, les habitants dispersés, emmenés, tués. Les taillis étaient remplis de cadavres sanglants; les rivières en étaient obstruées; aux branches des arbres pendaient des femmes que le chef de la bande avait condamnées à périr, quand l'épuisement des forces les empêchaient de suivre plus longtemps le convoi, afin d'intimider leurs compagnes d'esclavage ou de se venger de ses

---

[1] Berlioux, *La traite orientale*, p. 248.

pertes. Livingstone, dont la noble et héroïque figure apparaît sur tous les points de cet immense champ de carnage, comme le représentant de la justice et le vengeur des droits de l'humanité, dénonce à chaque pas de semblables scènes; le dégoût et l'horreur en ont empoisonné les derniers jours de sa vie. « Quand j'ai essayé, écrit-il peu de temps avant sa mort, de rendre compte de la traite de l'homme dans l'est de l'Afrique, j'ai dû rester très loin de la vérité, de peur d'être taxé d'exagération; mais à parler franchement, le sujet ne permet pas qu'on exagère. En surfaire les calamités est une pure impossibilité. Le spectacle que jai eu sous les yeux, incidents communs de ce trafic, est tellement révoltant, que je m'efforce sans cesse de l'effacer de ma mémoire. Je parviens à oublier, avec le temps, les souvenirs les plus pénibles; mais les scènes de la traite se représentent malgré moi et, au milieu de la nuit, me réveillent en sursaut, frappé d'horreur par leur vivacité. »

Il faut que le mal soit bien grand en effet, à voir les résultats qu'il produit. Le colonel Rigby, consul d'Angleterre à Zanzibar, estime à 19,000 le nombre des Nègres que la région du Nyassa fournit annuellement à cette place. Le port de Quiloa sert ici de base d'opération au trafic des esclaves. En combinant ce mouvement d'exportation avec celui qui existe des deux côtés du Tanganyka, on arrive à un total d'au moins 40,000 captifs, enlevés chaque année sur la côte orientale de l'Afrique. Depuis que de récents traités interdisent l'exportation des esclaves par Zanzibar, la traite n'a fait que remonter plus au nord, et les expéditions de

Mascate et de Quiloa bravent les efforts des croisières anglaises.

Les chiffres qui viennent d'être cités, bien qu'ils correspondent aux estimations les plus basses, dispensent de tout commentaire. Ils portent entre 80,000 et 90,000 hommes le nombre des Nègres que la traite ravit annuellement à l'Afrique. Cette somme équivaut aux pertes d'une grande guerre; ce qui la rend plus effroyable, c'est qu'elle n'est elle-même qu'une fraction d'un total bien autrement considérable. Livingstone assure que la quantité des esclaves atteignant la côte ne représente que la cinquième partie, dans certaines régions même où la résistance est plus énergique, que la dixième des victimes réelles de la traite. Les autres succombent dans l'attaque des villages, dans les massacres et les incendies qui les accompagnent, ou périssent le long des routes, pendant la marche des convois et à bord des bateaux. La destruction de la vie humaine s'élèverait ainsi, chaque année, à 400,000 personnes au moins. D'après sir Bartle Frere, ce minimum est dépassé de beaucoup; le supérieur de la mission catholique de l'Afrique centrale évalue à un million d'hommes le chiffre des pertes que le trafic des esclaves inflige annuellement aux populations africaines. Ces estimations cessent d'étonner, quand on songe que la traite sévit sur un territoire aussi étendu que toute l'Europe, habité par environ quatre-vingts millions de Nègres.

Où s'écoule ce flot, sans cesse renouvelé, d'esclaves? Après la suppression de tous les marchés coloniaux, il ne reste plus guère que ceux de l'Orient. L'Égypte, l'Arabie, la Turquie d'Europe et d'Asie, la Perse et Madagascar : tels sont désormais les pays de destination de cette marchandise humaine. Loin de diminuer, la demande ne fait que s'accroître; la recrudescence, par exemple, de l'esclavage en Égypte est un fait certain. On dirait qu'à mesure que leur vitalité propre s'éteint, les sociétés musulmanes éprouvent un plus grand besoin de bras étrangers. Le Nègre ne se propage pas, d'ailleurs, dans les contrées de l'Orient; la deuxième génération est rare, la troisième n'existe pas. Qu'on ajoute l'affreuse pratique, maintenue en Turquie et en Égypte, de la castration, qui tue deux sur trois des malheureux enfants qu'on soumet à ce supplice, et l'on comprendra cet appel, toujours nouveau, toujours pressant, au sang africain.

Il est grand temps que les nations civilisées s'associent dans un généreux et puissant effort pour mettre un terme à d'aussi abominables iniquités. Sans la suppression absolue de la traite, toute tentative de faire pénétrer la civilisation en Afrique serait, au surplus, infructueuse; là a été l'écueil des entreprises passées, là est encore la pierre d'achoppement des fondations nouvelles. En installant à perpétuité la guerre étrangère et civile au cœur de l'Afrique, la traite y étouffe tout germe de progrès et replonge sans cesse dans la barbarie les sociétés qui commençaient à en sortir. Les profits de l'odieux trafic sont d'ailleurs si énormes qu'ils empêchent l'établissement de tout commerce légitime; les négociants honnêtes ne sauraient écouler leurs produits, les indigènes n'ont nul intérêt à accroître les

leurs, et l'étranger risque presque partout d'être pris
pour un ennemi. Voilà l'œuvre de la traite; voilà aussi
pourquoi l'Afrique est restée, depuis quatre siècles,
stationnaire et, sauf sur quelques points du littoral, n'a
pas fait un pas dans les voies de la civilisation.

SECONDE PARTIE

LA CONFÉRENCE GÉOGRAPHIQUE

DE BRUXELLES

CHAPITRE V

LA CONFÉRENCE GÉOGRAPHIQUE DE BRUXELLES. — SON PRO-
GRAMME ET SON BUT. — LES STATIONS INTERNATIONALES
EN AFRIQUE.

Quelque restreint que soit le cadre, quelque sobriété
qu'il ait fallu mettre dans les détails du tableau qui
précède, il légitime néanmoins, dans ses traits généraux, les trois conclusions suivantes qu'il importe de
mettre en pleine lumière :

1° L'Afrique, dans son extension à travers trois
zones, offre, grâce au relief de son sol et à la distribution de ses eaux, les conditions d'habitabilité les plus
diverses ; elle n'est absolument impénétrable sur aucun

point; elle est riche en productions de toute nature et possède en abondance toutes les ressources qui sont la base matérielle de la civilisation;

2° Les populations africaines, tant les Berbères du Nord que les Nègres du Centre et du Sud, ne sont ni impropres ni hostiles à toute culture. Le christianisme, la science, le commerce peuvent transformer leur état social. Le phénomène qui s'est produit en Amérique ne se renouvellera certainement pas en Afrique. Les Nègres ne disparaîtront pas comme les Indiens, au contact d'une civilisation supérieure; ils seront plutôt entraînés par elle. Les progrès qu'ils ont réalisés déjà dans les conditions les moins favorables, sont une garantie pour l'avenir. Nul ne saurait sans doute assigner le terme où l'éducation pourra les conduire, mais c'est un fait démontré que cette éducation est possible[1];

3° Si, pendant quatre siècles, les connaissances de l'Europe, relativement à l'Afrique et à la condition des peuples qui l'habitent, sont demeurées stationnaires, la cause principale, sinon unique, en est l'existence du commerce des esclaves. La traite est l'ennemie et l'écueil de tout progrès; elle se maintient, elle s'étend encore de nos jours, malgré la proscription solennelle dont l'ont frappée, à diverses reprises, toutes les nations civilisées. L'heure est venue de donner une

---

[1] Peschel, dans son *Traité d'ethnographie*, cite ce trait de génie d'un nègre Veï qui est parvenu à réduire en alphabet distinct l'idiome parlé par ses concitoyens. Il avait été, il est vrai, élevé par des Européens; mais cette circonstance montre précisément à quel point le Nègre est capable de recevoir et d'utiliser l'enseignement.

sanction efficace et universelle à leurs déclarations comme à leurs engagements. Tout effort pour civiliser les populations d'Afrique doit avoir pour objectif immédiat l'extinction de la traite, non seulement dans ses manifestations directes, mais aussi dans le principe qui l'alimente et qui n'est autre que l'institution de l'esclavage, tant dans les États musulmans de l'Orient que chez les Africains eux-mêmes.

Ces trois vérités fondamentales expliquent toute l'œuvre de la Conférence, parce qu'elles ont été le point de départ et la règle de ses travaux. La possibilité de « planter définitivement l'étendard de la civilisation sur le sol de l'Afrique centrale » — ce sont les propres expressions de la harangue royale d'ouverture[1] — n'a pas été mise un instant en doute. Le débat s'est porté immédiatement sur les moyens pratiques d'exécution et, sur ce terrain, la Conférence a eu successivement à examiner ce qu'il convenait de faire en Afrique, ce qu'il y avait lieu de proposer à l'Europe.

La création d'un système de stations permanentes, réparties sur divers points du continent africain, a été le premier de ces moyens que la Conférence a eu à examiner. En proposant leur établissement, le Roi des Belges définissait en même temps, dans son discours, leur triple caractère : elles devaient être à la fois *hospitalières, scientifiques* et *pacificatrices.* Cette combinaison n'a pas soulevé la moindre objection. Les célèbres voyageurs qui assistaient à la réunion de Bruxelles

---

[1] *Voir* le texte de ce document à l'Appendice, II.

se sont trouvés unanimes pour déclarer que l'existence de telles institutions rendrait à leurs successeurs d'inappréciables services et avancerait activement l'œuvre de l'exploration scientifique. L'un d'entre eux, M. Rohlfs, a même fait observer que les Anglais avaient déjà fondé, sous la forme de missions religieuses ou de postes diplomatiques, quelques établissements du même genre, sur des bases, il est vrai, beaucoup plus modestes que celles qu'on peut attendre d'une Association internationale. On a prévu, sans doute, des difficultés de plus d'une espèce, mais personne ne les a crues insurmontables.

Quelle mission auront à remplir ces stations? Elle sera d'une triple nature, correspondant aux buts multiples que la Conférence s'est proposés en décidant leur création.

Mais avant d'aborder cet objet, une explication est nécessaire. La Conférence de Bruxelles n'a pas pris des mesures pour organiser elle-même des expéditions scientifiques, mais elle ne s'est pas interdit de diriger de ce côté ses efforts. Si ses ressources se développent, si la solution de quelque problème paraissait essentielle à ses fins, elle pourrait certes, sans sortir de son programme, ou accorder des subventions à des voyageurs, ou même en expédier à ses frais. Cette tâche, qui semble, au surplus, devoir être exceptionnelle, reste subordonnée aux éventualités de l'avenir; dans les conditions actuelles, la Conférence a dû l'abandonner aux gouvernements, aux sociétés de géographie, surtout à l'initiative privée, qui a paru jusqu'ici la plus heureuse et la plus féconde. L'expérience, en effet, a démontré que les expéditions nationales, pourvues d'un personnel nombreux et d'un grand train de bagages, ne réussissent guère ; l'armée de porteurs qui leur est nécessaire, la difficulté de l'approvisionner, d'y maintenir l'ordre et la discipline : tels sont les écueils où toutes vont échouer. Les découvertes les plus remarquables, les campagnes les plus hardies ont été, au contraire, l'œuvre de voyageurs isolés ; il est vrai que dans cette voie les obstacles et les dangers ne font guère défaut non plus, que les résultats sont souvent incomplets, que l'insuffisance des ressources ou l'épuisement des forces contraint souvent d'interrompre les explorations en plein cours de succès ; mais c'est précisément ici que va intervenir l'Association internationale. En traçant un plan commun d'investigation, elle coordonne les entreprises individuelles, y introduit l'unité et l'ensemble, prévient les pertes de temps et de forces ; en créant des stations dans l'intérieur de l'Afrique, elle soutient le voyageur dans sa course, lui donne plus de sécurité et le met à même de rapporter directement à son but tout ce qu'il possède d'énergie et de constance.

Les stations permanentes qui seront établies sur le sol de l'Afrique, seront donc avant tout des postes hospitaliers. Elles ne seront ni le but ni le terme des expéditions nouvelles ; elles ne précèdent pas l'exploration, elles la suivent. Établies d'abord sur le littoral, elles s'avanceront progressivement vers l'intérieur, en assurant, autant que possible, derrière elles, les communications régulières avec la côte. Il se formera ainsi des bases d'opération qui, peu à peu, en se reliant, deviendront des lignes, finalement des routes. Les voyageurs partiront, en général, des stations pour pénétrer au cœur du pays; celles-ci leur serviront d'appui pour assurer ou éclairer leur marche, d'entrepôt pour compléter ou renouveler leurs provisions, leurs moyens d'étude et d'échange, d'infirmerie en cas de maladie, de refuge sur lequel ils puissent se rabattre en cas de danger. Le dénue- ment et les privations, les souffrances physiques et morales, qui ont infligé de si dures épreuves aux Livingstone, aux Rohlfs, aux Nachtigal, aux Schwein- furth, aux Cameron, et les ont forcés tant de fois de renoncer à étendre leurs découvertes, seront moins à craindre. Dans les stations, les explorateurs devien- dront les hôtes de l'Europe; ils pourront s'y reposer de leurs fatigues et attendre le moment propice pour reprendre leur course; leurs forces de résistance et de persévérance s'en accroîtront dans une large mesure et le but final de leurs travaux sera sensiblement rap- proché.

Si la mission des stations est avant tout hospitalière, il s'en faut qu'elle se borne là : elle est également scien- tifique. Chaque poste deviendra naturellement un centre d'études et de recherches de toute nature sur le caractère et l'aspect du sol, les productions, le climat, les populations qui l'entourent, leurs besoins, leurs ressources, etc. Le voyageur trace sa ligne dans l'inconnu; la station rayonne, dans un diamètre res- treint sans doute, mais en épuisant d'autant mieux le cercle qu'elle commande. Ce sera à la fois un petit observatoire et un musée, où s'accumuleront les observations et les collections, au profit de la science d'abord, à l'avantage du commerce, de l'industrie, de la civilisation plus tard.

Pour satisfaire à ces multiples exigences, les stations devront recevoir un outillage assez compliqué, se procurer des approvisionnements de toute espèce. Ce n'est pas assez de suffire à leurs propres besoins ; elles auront à prévoir ceux des voyageurs qu'il leur incombera de ravitailler. Aux caractères de poste hospitalier et d'observatoire scientifique, viendra se joindre celui d'un dépôt ou magasin, renfermant les objets les plus indispensables aux voyageurs africains : des cartes et livres spéciaux, des instruments astronomiques et physiques, des médicaments et vêtements, des marchandises et des fonds, etc.

Servir la science et les hommes qui s'en font les apôtres : telle sera donc la mission immédiate, essentielle des établissements qui vont être créés en Afrique : il s'en ajoutera bientôt une autre non moins importante, celle de répandre les lumières de la civilisation parmi les peuples indigènes. La Conférence n'a discuté ni réglé le détail de toutes ces questions ; elle a réservé ce soin à la direction centrale qu'elle a constituée avant de clore ses travaux ; mais sa pensée générale a été très claire, très nette à cet égard. Le Roi l'a formulée avec éclat en ouvrant la première séance de l'assemblée, qui, de son côté, n'a pas cessé d'être animée du même esprit. Les stations seront donc également *civilisatrices ;* elles seront des instruments de progrès, des garanties de paix pour les populations qui les verront s'établir au milieu d'elles. A ce point de vue, la tâche de ces établissements prend une extension considérable, acquiert une portée lointaine.

Ce serait sans doute dépasser le but, surcharger le rôle, déjà fort compliqué, des stations, que de vouloir qu'elles initient directement les Nègres aux arts de la civilisation. Elles ne peuvent être, au sens strict du mot, des écoles professionnelles, des ateliers d'apprentissage; mais par le fait seul de leur présence, par l'exercice journalier, sous les yeux des indigènes, de quelques industries élémentaires, par le contraste de l'existence européenne, de ses usages, de ses mœurs, de ses travaux avec la rudesse de la vie sauvage, il s'établira un enseignement de fait, une éducation pratique dont les résultats ne laisseront pas d'être importants. Peu à peu, par l'attraction irrésistible qu'exercent la science sur l'ignorance, la force sur la faiblesse, des groupes de populations s'établiront autour des stations et prendront, sous leur influence, l'aspect de sociétés mieux ordonnées. Les dissensions et les luttes intestines, si fréquentes entre les tribus, si fatales à la liberté de leurs membres, pourront être étouffées ou restreintes. Par son prestige, par les services qu'il sera appelé à leur rendre, le chef de la station deviendra insensiblement un arbitre qui fera régner parmi elles la paix et la concorde. Cette tâche conduira à une autre plus utile encore aux intérêts de la civilisation. Si les établissements européens, comme on cherchera certainement à le faire, doivent être échelonnés de préférence sur le chemin habituel de la traite, ils pourront entreprendre d'organiser efficacement contre elle la défense des indigènes et de barrer la route aux convois d'esclaves. La difficulté ne sera pas si grande qu'on pourrait le croire tout d'abord. Il suffira presque toujours de procurer aux Africains des armes à feu pour détruire l'unique supériorité que les traitants possèdent sur les Nègres dont ils font aujourd'hui leurs victimes. La poltronnerie des voleurs d'hommes est, au témoignage de tous les voyageurs, égale à leur inhumanité : il ne faudra pas un bien grand déploiement de forces pour les tenir à distance.

Ici surgissent quantité de questions plus sérieuses, plus complexes les unes que les autres. Les stations auront-elles un personnel nombreux et armé? Recevront-elles un caractère national, international ou mixte? Leur organisation restera-t-elle strictement circonscrite dans le domaine de la civilisation et de la science, ou doit-elle se développer, en outre, dans le sens religieux et commercial? La solution de la plupart de ces questions est réservée à l'avenir ; la Conférence n'en a pas fait l'objet d'un débat spécial ; sa pensée toutefois s'est manifestée d'une façon assez claire pour n'admettre aucune hésitation sur les bases essentielles de l'œuvre.

Ainsi, les stations n'auront pas d'appareil militaire ; elles seront établies dans des conditions simples et aussi peu dispendieuses que possible. Sir Bartle Frere a bien défini le principe de leur activité : elles agiront en toute circonstance par la douceur, par la persuasion, par l'ascendant naturel que crée la supériorité de l'homme civilisé. Dès lors, le personnel n'aura guère besoin d'être fort considérable : un chef, qui devra être à la fois un homme d'action et un homme de science soit théorique, soit technique, un médecin-naturaliste, peut-être un astronome-physicien, cinq ou six artisans habiles et versés dans des professions diverses, pourront suffire dans la plupart des cas. Rarement le personnel dépassera, dans les conditions normales, dix à douze hommes; sur bien des points, un premier établissement devra même rester en dessous de ce chiffre.

Quant au second problème, le point de vue international a dominé la Conférence; mais celle-ci n'a entendu évidemment exclure ni contrarier aucune initiative généreuse.

Le même esprit a présidé à la solution de la troisième question. Sir H. Rawlinson et le vice-amiral de la Roncière-le Noury ont émis, à cet égard, des vues très justes qui répondaient au sentiment de la Conférence. « Il ne faut pas donner aux stations, a dit le premier, un caractère exclusivement religieux, politique ou commercial; ce seraient des centres de renseignements, des postes hospitaliers, des foyers de civilisation. » « Les missions religieuses, a ajouté le second, qu'il ne faut pas organiser directement, mais qui suivraient les stations, seraient d'un utile concours. Les relations commerciales, qu'il est d'un intérêt général de créer et d'étendre, tendent au même but. » D'après ces termes, les établissements qu'il s'agit de créer porteront un cachet purement laïque; le concours de toutes les nations n'en comportait pas d'autre; ils ne s'imposent aucune mission religieuse, ils ne représentent aucune confession, aucun culte.

Mais cette abstention ne procède ni de l'indifférence, ni du scepticisme. Loin d'être hostiles à la prédication de l'Évangile, la plupart des membres de la Conférence ont été d'avis que cette prédication serait hautement salutaire, qu'elle pourrait devenir le principe le plus actif de la régénération morale des peuples de l'Afrique. L'histoire démontre que le christianisme possède une vertu particulière pour retirer de la barbarie les races incultes et leur faire franchir rapidement les premières étapes de la civilisation. Cette grande et légitime influence ne sera donc pas méconnue; mais la direction en doit nécessairement rester aux mains des Églises chrétiennes. Les essais isolés de propagande faits jusque dans ces derniers temps sur divers points de l'Afrique, ont donné des résultats peu satisfaisants; ils pourront être repris dans de meilleures conditions. Les missionnaires seront libres de venir s'établir à côté des stations, d'ériger dans leur rayon des temples et des écoles : à quelque confession qu'ils appartiennent, ils en recevront aide et appui, ils profiteront des rapports créés, des progrès déjà accomplis et pourront contribuer efficacement à les consolider, à les étendre.

Ce principe est d'application générale. En limitant le champ de leur action propre, afin de la rendre d'autant plus efficace, les stations n'excluent pas les autres initiatives; elles les provoquent plutôt et les couvrent de leur patronage. C'est en ce sens que se résout aussi la question des rapports économiques. Des établissements internationaux ne sauraient pas plus être des comptoirs qu'ils ne sont des missions; mais la Conférence a été si loin de méconnaître l'importance de la question commerciale qu'un de ses membres les plus distingués, M. le Dr Nachtigal, a pu dire que « c'est par le commerce qu'on civilisera le mieux l'intérieur de l'Afrique ». L'esprit d'entreprise pourra donc se donner carrière; les stations, sans abdiquer leur tâche spéciale, le seconderont activement et lui-même, à son tour, deviendra pour celles-ci un puissant auxiliaire.

Ces considérations nous rappellent l'une des pages les plus remarquables de la *Géographie comparée* de Ch. Ritter; ce savant géographe ne les appliquait qu'au Soudan, mais les découvertes ultérieures ont prouvé qu'elles sont d'une vérité générale. « Le commerce, disait-il, ouvre toutes les routes en Afrique, et la civilisation n'y peut pénétrer qu'à sa suite. L'affaiblissement de la domination des Maures dans les États nègres des bords du Niger, offre aujourd'hui aux Européens et au christianisme l'occasion favorable d'entrer dans le Soudan. Les agents des puissances et des maisons de commerce européennes s'y établiraient beaucoup plus facilement que dans l'Orient mahométan. Les résidents anglais accrédités aux cours du Nord et du Sud, à Mourzouk, dans le Fezzan et à Commassie dans le pays des Aschantis, les colonies du Sénégal et de la Gambie et surtout l'État nègre libre et florissant de Sierra-Leone, sont déjà, si l'on sait en profiter, les premiers pas les plus importants pour arriver à la réalisation de cette idée. Un commerce direct des Européens avec les marchés du Soudan, comme Mungo-Park et ses successeurs essayèrent de l'introduire sur les bords de la Gambie, donnerait plus d'indépendance politique aux États nègres, plus de bien-être aux individus et les affranchirait des Maures et des Arabes. On leur procurerait ainsi des armes à feu pour se défendre, et on donnerait aux missionnaires l'occasion de les convertir et de les civiliser comme à Sierra-Leone. Une conséquence de ces généreux efforts serait l'abolissement complet et successif du commerce d'esclaves à partir de l'intérieur jusqu'aux côtes. Mais il faudrait d'abord lui substituer un autre trafic aussi avantageux pour les princes indigènes, dont les principaux revenus se composent de la chasse aux hommes et des tributs payés en esclaves. Le commerce avec les Européens leur offrirait bientôt des gains et plus sûrs et plus grands. On enlèverait ainsi aux Mahométans le prétexte de la chasse aux esclaves. Car, d'après le Coran, ils regardent comme un devoir de faire la guerre aux idolâtres et comme un droit de jeter les païens dans l'esclavage et dans les fers. Ces entreprises favoriseraient et seconderaient puissamment l'émancipation des nègres du Soudan, qui ne peut être toutefois le résultat que de leur propre énergie; car l'expérience a prouvé que les opérations maritimes ne pourraient la conquérir, quand même des milliers de généreux particuliers réuniraient leurs souscriptions et leurs efforts, quand même tous les peuples de la chrétienté en auraient pris la résolution[1]. »

Le principe, le caractère, la mission des stations africaines étant bien définis, où convenait-il de les

---

[1] Ritter, *Géographie générale comparée*, trad. par E. Buret et Ed. Desor, page 258, Bruxelles, 1837.

établir tout d'abord? L'examen de cette importante
question a rempli toute la seconde séance de la Conférence. Deux projets se sont trouvés en présence : le
premier, présenté par le général sir H. Rawlinson, au
nom des membres anglais, français et italiens de la
Conférence, envisageait particulièrement le but final à
atteindre; le second, formulé par M. de Semenow, au
nom des membres allemands, autrichiens et russes,
se préoccupait davantage des conditions du point de
départ. Les membres belges s'étaient abstenus d'opposer un troisième projet aux deux autres, afin de
laisser exclusivement — suivant la déclaration faite
par le Roi — « l'initiative aux représentants des États
dont l'autorité en cette matière est fondée sur une
longue expérience et de brillants services ».

Le rapport rédigé par sir H. Rawlinson, sans
négliger les intérêts de la science, avait une haute
portée économique et politique. Il s'agissait d'une ligne
continue de communication à établir entre la côte
orientale et la côte occidentale d'Afrique, au sud de
l'équateur. Cette ligne aurait débouché à l'est dans
le voisinage de Zanzibar, à l'ouest à Saint-Paul de
Loanda; des stations ou du moins des agences devaient être alignées le long de son parcours. Deux
emplacements étaient désignés dès à présent : Ujiji, sur
le lac Tanganyka, et Nyangwe, sur le cours supérieur
du Lualaba. De l'artère principale se seraient détachés
trois tronçons perpendiculaires, le premier se diri-
geant vers l'embouchure du Congo, le second vers les
sources du Nil, le troisième allant rejoindre le Zambèze. Ces deux derniers tronçons auraient formé, en

se soudant, une grande ligne continue, coupant la première et s'étendant de la vallée du Nil au nord à celle du Zambèze, au midi, à travers les grands lacs. Des bateaux à vapeur lancés sur le Victoria, le Tanganyka et le Nyassa, auraient relié les sections terrestres de la voie. C'était une conception grandiose, où se révélaient le génie, l'esprit d'entreprise propre aux puissantes nations maritimes. Peut-être tenait-elle trop peu compte des difficultés d'un début ; ce défaut n'empêche qu'elle correspondait aux fins multiples que s'était proposées la Conférence et qu'elle demeure, si les circonstances en secondent l'œuvre, le programme de l'avenir.

Le rapport, présenté par M. de Semenow, était conçu sur des bases moins larges ; l'intérêt scientifique seul avait manifestement dominé le groupe dont ce rapport exprimait la pensée. Il proposait d'organiser, d'après un plan d'ensemble, l'exploration des régions encore inconnues de l'Afrique centrale en confiant cette tâche à des voyageurs isolés, partant de points opposés et s'appuyant sur des stations de secours. Ces stations devaient être établies à la fois sur la côte, à Bagamojo (près de Zanzibar) et à Loanda, par exemple, ainsi que dans l'intérieur, en suivant à peu près l'itinéraire de Cameron ; on désignait les points d'Ujiji, de Nyangwe, etc. Quant à relier ces stations par des voies régulières de communication, on doutait que ce plan fût actuellement réalisable ; c'était un progrès à attendre du développement futur de l'œuvre. Ce projet témoignait de vues plus restreintes que celles dont le rapport du général Rawlinson était l'expression, mais il était

plus pratique ; il se fondait sur une expérience récente et, en concentrant les premiers efforts de la Conférence sur l'exploration scientifique, il n'excluait pas des visées plus lointaines, ni des entreprises plus complexes.

C'est un système transactionnel qui a prévalu. La formule en a été arrêtée par un comité mixte, dont le savant secrétaire général de la Société de Géographie de Paris, M. Maunoir, a été le rapporteur [1]. Ce document constitue la déclaration officielle de la Conférence au sujet de la mission qu'assume l'Association internationale créée par ses soins. Son objet direct devient l'exploration des parties encore inconnues de l'Afrique équatoriale. Les voyageurs isolés seront les instruments; les stations, les points d'appui de cette exploration. Celles-ci s'établiront d'abord sur le littoral, à Bagamojo, dans le sultanat de Zanzibar, du côté de l'océan Indien; à Saint-Paul de Loanda, dans les possessions portugaises, du côté de l'Atlantique. D'autres stations seront fondées à l'intérieur : à Ujiji, sur la rive orientale du lac Tanganyka; à Nyangwe, sur le Lualaba, à quelque cent lieues de la rive occidentale du même lac, point extrême atteint dans la direction du nord par Livingstone et Cameron; à un endroit à déterminer ultérieurement dans les États du principal chef de l'Afrique centrale, Muata-Yamvo.

Ces postes tracent sur la carte, au sud de l'équateur, du nord-est au sud-ouest, une ligne oblique qui correspond exactement, sauf par son point occidental d'aboutissement, à l'itinéraire du capitaine Cameron. La

---

[1] *Voir* le texte de ce document à l'Appendice, III.

Conférence, reproduisant ici sous une forme mitigée la pensée du groupe anglo-italo-français, exprime, en terminant, le vœu que ces stations se relient entre elles par une ligne de communication « autant que possible continue », que d'autres voies, perpendiculaires à la première, soient ouvertes dans la direction du nord au sud.

Telles sont, en substance, la déclaration de la Conférence et les idées dont elle procède. Ce manifeste ouvre à la science comme à la civilisation une immense carrière; il produira des œuvres glorieuses et fécondes, si toutes les forces appelées à le traduire dans le domaine des faits se pénètrent profondément et s'acquittent avec un zèle soutenu de leur noble mission.

CHAPITRE VI

ORGANISATION DE L'ASSOCIATION INTERNATIONALE POUR L'EXPLO-
RATION ET LA CIVILISATION DE L'AFRIQUE. — ATTRIBUTIONS
ET RAPPORTS DES COMITÉS.

Ce n'est pas tout, pour qu'une institution vive et
prospère, que d'avoir un programme tracé, un but
défini : il lui faut encore des organes appropriés à sa
nature, qui la mettent à même de se manifester et
d'agir, qui relient en faisceau les forces dont elle dispose, qui apportent dans son action la suite, l'harmonie,
l'unité. Ce point essentiel n'a pas échappé à l'attention
de la Conférence, il a fait l'objet de ses derniers débats.
Les voyageurs et les stations ont pu être considérés
comme les représentants et les agents de l'Association
sur le sol de l'Afrique ; ils y seront, ceux-là les auxiliaires, celles-ci les instruments de ses desseins scientifiques et humanitaires. Mais, dans l'ancien comme
dans le nouveau continent, il s'agissait de créer un
système d'organisation conçu sur de tout autres
bases, à raison d'une mission toute différente. C'est
dans son sein même que la Conférence a dû trouver le
plan et les premiers éléments de ce système.

Sept nations, qui n'étaient autres que les six grandes
puissances européennes et la Belgique, ont eu des délégués à la Conférence de Bruxelles; des circonstances
imprévues, des cas de force majeure ont pu rendre
quelques unes de ces délégations incomplètes, sans
d'ailleurs en altérer l'esprit[1]. Aucune espèce de mandat
public n'était attachée à leur fonction; tous les membres
de l'assemblée ont agi, ont parlé en leur nom personnel;
mais ils avaient été choisis de manière à représenter
fidèlement la direction, tantôt unique, tantôt multiple,
de l'opinion des différents peuples en matière de questions africaines. La science, la philanthropie, la politique générale ont eu des députés à ces assises d'un
caractère exceptionnel qu'accentuait la présidence d'un
roi. Les Sociétés de Géographie de cinq nations étrangères avaient envoyé à Bruxelles leur président ou
vice-président; celle de l'Italie, un de ses membres fon-
dateurs. Indépendamment de cet élément, l'Allemagne
comptait un groupe de ses plus illustres voyageurs;
l'Autriche avait un homme d'État éminent, un philan-
thrope sympathique à toute idée généreuse, un jeune et
courageux voyageur; la France apportait la science
théorique comme l'expérience pratique des expéditions
africaines; l'Angleterre réunissait, dans dix hommes
dont plusieurs d'une célébrité européenne, la science
des voyages, la sagesse politique, la charité la plus
active et la plus inépuisable.

La députation belge avait une situation et un rôle
à part. Elle se concentrait dans la personne du Roi,

[1] *Voir* le tableau des membres de la Conférence à l'Appendice, I.

chef, organisateur, initiateur de l'œuvre. Sa mission spéciale était plutôt en dehors qu'au sein de la Conférence, où la courtoisie lui commandait de s'effacer. Ce n'est pas à dire que sa présence ait dû être stérile au cours des débats. Dans les discussions des comités, dont les procès-verbaux ne gardent pas la trace, les délégués belges ont pu faire valoir des vues, des considérations propres; mais leur action principale devait s'exercer ailleurs : elle a précédé, à certains égards, la réunion de l'assemblée, elle doit lui survivre pour constituer l'un des rouages essentiels dans l'exécution de son programme, si la tâche glorieuse rêvée pour son pays par le Souverain de la Belgique se traduit en réalité, si Bruxelles devient vraiment — suivant sa belle expression — « le quartier général de ce mouvement civilisateur ».

Des éléments constitutifs de la Conférence se dégagent les principes de l'organisme qui doit donner à son œuvre le mouvement et la vie. Cet organisme comprend trois rouages fondamentaux : une commission internationale, un comité exécutif et des comités nationaux. Voici quelles seront la composition, les attributions et les relations de ces divers corps.

La commission internationale est le parlement de l'Association. Elle se compose, aux termes des résolutions arrêtées par la Conférence, des présidents des principales Sociétés de Géographie représentées à Bruxelles ou adhérant à son programme, ainsi que de deux membres délégués par chaque comité national. Bien que, sous ce dernier rapport, elle ne soit qu'une émanation des comités nationaux, la commission leur est supérieure; elle garde la haute direction de l'Association et tranche toutes les questions essentielles relatives à sa constitution ou à son développement. Le président dispose d'attributions étendues; il reçoit dans l'Association les comités nationaux des pays qui n'ont pas pris part aux délibérations de la Conférence; il peut compléter la commission elle-même en lui adjoignant des membres effectifs et des membres d'honneur. Le but de cette dernière faculté est de proportionner la représentation de chaque pays à son importance, aux services rendus à l'œuvre. Usant de sa prérogative constituante, l'assemblée a déféré la présidence de la commission internationale au Roi des Belges pour la première période de son existence.

La commission ne devant se réunir qu'à des intervalles éloignés, il importait de créer un organe permanent qui la représentât et se chargeât d'en exécuter les résolutions : telle est la mission du comité exécutif. Ce corps se compose du président de la commission internationale qui y siége au même titre; de trois ou quatre membres désignés la première fois par la Conférence, ultérieurement par la commission, et d'un secrétaire général nommé par le président. Ce dernier agent acquiert également, par le fait de sa nomination, siége et voix dans la commission internationale. Les membres du comité sont tenus de répondre en tout temps à l'appel du président. C'est le gouvernement de l'Association, le cœur de l'organisme, d'où part l'action centrale et continue. Aux termes des

statuts, il aura pour mission « de diriger les entreprises et les travaux tendant à atteindre le but de
l'Association et de gérer les fonds fournis par les
gouvernements, par les comités nationaux et par des
particuliers ».

La Conférence ne pouvait se dissoudre sans constituer cette direction ; elle a nommé membres du
comité exécutif sir Bartle Frere, M. le Dr Nachtigal
et M. de Quatrefages. Sir Bartle Frere est l'un des
hommes d'État les plus éminents de l'Angleterre ; il
s'est illustré récemment par sa mission auprès du sultan
de Zanzibar et par la négociation d'un traité destiné
à asseoir, sur des bases plus larges, la répression du
trafic des esclaves. M. le Dr Nachtigal figure au premier rang des explorateurs de l'Afrique; sa grande
expédition au Soudan lui a fait une belle place dans
l'histoire. M. de Quatrefages est un des plus savants
naturalistes de ce temps; il est actuellement vice-président de la Société de Géographie de Paris.

Les comités nationaux sont le troisième élément du
système organisé par la Conférence : c'est la base
populaire de l'œuvre, l'instrument de sa propagande,
le fondement de ses ressources. Les comités nationaux
n'auront pas à se constituer suivant un type uniforme ;
chaque pays en déterminera à son gré le mode d'organisation ; mais partout ils auront une mission iden-
tique à remplir. Cette mission ne laissera pas d'être
belle et importante. Il s'agira de vulgariser sous toutes
les formes les notions relatives à l'Afrique, d'en faire
connaître les conditions physiques et ethnographiques,
les besoins et les ressources, les splendeurs et les

souffrances. Il faudra intéresser aux travaux, aux entreprises héroïques des voyageurs nombre de personnes dont l'apathie n'a d'autre cause que l'ignorance, attirer les sympathies publiques à des millions d'hommes demeurés exclus jusqu'à ce jour des bienfaits de la civilisatien ou ne l'ayant connue que par les maux que lui infligent les plus indignes de ses représentants. Il importera enfin de stimuler l'esprit de sacrifice et de dévouement, de réclamer et d'obtenir de tous un concours pécuniaire généreux et soutenu. La souscription d'Afrique, sous la forme populaire que lui assignait le Roi, peut faire le tour du monde, et jamais millions de la charité n'auraient répandu sur sa surface de semence plus sainte et plus féconde.

Il serait inutile d'entrer actuellement plus avant dans les détails de ce système d'organisation[1]; il suffit que les traits généraux en soient bien dessinés et compris. A l'heure où nous écrivons ces lignes, des noyaux de comités se forment sur plusieurs points de l'Europe : ils auront à faire appel aux forces individuelles, ils pourront utiliser également, pour atteindre le but commun, tout ce qu'ils trouveront de corps constitués, de sociétés savantes, artistiques, même de pur agrément, chez les diverses nations.

Ici se présente une réflexion qui doit nous arrêter un moment. La Conférence de Bruxelles et l'Association internationale qui doit en naître ont eu et gardent un caractère privé : est-ce à dire que les Gouvernements

---

[1] *Voir* le texte des résolutions de la Conférence à ce sujet à l'Appendice, IV.

des peuples civilisés auraient raison de s'en désinté-
resser d'une façon absolue? Nous ne le pensons pas, et
sans préjudice de toutes autres considérations que pourraient suggérer la sagesse et la prévoyance politiques,
des antécédents historiques motivent cette opinion.

Au commencement de l'année 1815, les plénipotentiaires de huit puissances, réunis en congrès à Vienne,
eurent à se prononcer, en vertu de l'initiative prise
par la Grande-Bretagne et la France, sur la question
de l'*abolition universelle et définitive* de la traite des
Nègres. Cette motion rencontra une adhésion chaleu-
reuse dont la déclaration du 8 février contient l'élo-
quente expression :

« Attendu, porte cet acte, que le commerce connu
« sous le nom de *Traite des Nègres d'Afrique* a été
« envisagé, par les hommes justes et éclairés de tous
« les temps, comme répugnant aux principes d'huma-
« nité et de morale universelle;...

« Que les plénipotentiaires rassemblés dans le Con-
« grès ne sauraient mieux honorer leur mission, rem-
« plir leur devoir qu'en proclamant, au nom de leurs
« souverains, le vœu de mettre un terme à un fléau
« qui a si longtemps désolé l'Afrique, dégradé l'Europe
« et affligé l'humanité;...

« ... En conséquence et dûment autorisés à cet acte
« par l'adhésion unanime de leurs Cours respec-
« tives,... ils déclarent, à la face de l'Europe, que,
« regardant l'*abolition universelle* de la traite des
« Nègres comme une mesure particulièrement digne
« de leur attention, conforme à l'esprit du siècle et aux
« principes généreux de leurs augustes souverains, *ils*

« *sont animés du désir sincère de concourir à l'exécution*
« *la plus prompte et la plus efficace de cette mesure par*
« *tous les moyens à leur disposition,* et d'agir, dans
« l'emploi de ces moyens, avec tout le zèle et toute la
« persévérance qu'ils doivent à une aussi grande et
« belle cause. »

Cette déclaration porte, entre autres, les signatures
de Castlereagh, de Wellington, de Nesselrode, de
Humboldt, de Metternich, de Talleyrand.

Sept ans plus tard, le 28 novembre 1822, les plénipotentiaires des cinq grandes puissances renouvellent
solennellement ces engagements au Congrès de Vérone.
Ils constatent que le commerce des Nègres, quoique
proscrit, « a continué jusqu'à ce jour, qu'il a gagné en
« intensité ce qu'il peut avoir perdu en étendue, qu'il
« a pris même un caractère plus odieux et plus funeste
« par la nature des moyens auxquels ceux qui l'exer-
« cent sont forcés d'avoir recours;... que des milliers
« d'êtres humains (en) deviennent d'année en année les
« innocentes victimes. Ils déclarent, en conséquence,
« *qu'ils sont prêts à concourir à tout ce qui pourra*
« *assurer et accélérer l'abolition complète et définitive*
« *de ce commerce*[1] ».

Un demi-siècle s'est écoulé depuis que ce langage a
été tenu; on a pu juger, par le tableau que nous
avons tracé ci-dessus, si les puissances ont atteint leur
but, si elles peuvent se considérer comme dégagées
des obligations qu'elles ont contractées. Les États maritimes, surtout l'Angleterre, ont fait d'énergiques et
persévérants efforts; mais c'est une conviction univer-

---

[1] *Voir* le texte de ces deux documents à l'Appendice, V et VI.

selle aujourd'hui que les croisières les plus actives sont impuissantes, que la traite ne peut être détruite que sur le théâtre même de ses ravages.

Tel est précisément un des buts essentiels que poursuit l'Association internationale : en ouvrant l'Afrique à la science, au christianisme, au commerce; en civilisant ses populations, elle adopte le vrai, l'unique système qui, du consentement de tous les voyageurs, puisse aboutir à *l'abolition complète et définitive* du trafic des esclaves. C'est donc le programme de l'Europe qu'elle se charge d'exécuter, et quoi de plus juste, dès lors, que de voir tous les Gouvernements lui prêter un sympathique appui? Il ne nous appartient pas de déterminer ici le mode de leur concours; celui-ci pourra, suivant les lieux et les circonstances, revêtir des formes diverses : mais compter qu'il sera sincère, énergique, soutenu, serait-ce trop espérer en faveur d'une œuvre qui répond, par toutes les fins qu'elle se propose, aux plus hautes aspirations de ce siècle? Si ces vœux venaient à se réaliser, l'Association acquerrait d'emblée un large et solide fondement. Peut-être qu'aidée puissamment en même temps par la bienfaisance privée, elle pourrait aborder, de plusieurs côtés à la fois, l'exécution de son programme. Dans ces conditions, le succès définitif de l'entreprise n'admettrait plus un seul doute, et les opérations en Afrique en recevraient une impulsion dont les conséquences ne tarderaient pas à se faire sentir dans les directions les plus diverses.

CHAPITRE VII

Si le travail qu'on vient de lire a réussi à donner au moins une vague notion de son objet, il doit avoir légitimé les hautes espérances dont l'expression a servi de conclusion aux débats de la Conférence. Achever l'exploration scientifique de l'Afrique, y faire pénétrer la lumière et la civilisation, y répandre les idées et les produits des nations chrétiennes, poursuivre surtout avec une énergie invincible la suppression de la traite des esclaves, c'était, a-t-il semblé, formuler un programme qui répondait aux aspirations de tous les peuples. Sympathique par elle-même, l'entreprise a paru pouvoir d'autant plus compter sur leur concours que l'exécution n'en demandait rien à la force, qu'elle attendait tout de l'influence morale, de la persuasion, du dévouement ou de la générosité personnelle.

Cette confiance aurait-elle été excessive? Une assem-

blée composée de tant d'hommes spéciaux, où siégeaient
tant de juges compétents, tant de témoins oculaires,
aurait-elle été la dupe d'une belle mais vaine utopie?
Qui oserait le dire, qui voudrait le croire? Non; la
conviction de la Conférence a eu un fondement très
réel. Son œuvre n'a pas été bâtie sur le sable; elle
contient le germe d'un grand avenir, parce qu'elle
s'inspire des pensées, parce qu'elle s'adresse aux sentiments qui sont le principe de vie des sociétés modernes
et dont l'expansion est aussi nécessaire qu'elle est légitime. S'emparer de ces forces morales, les grouper
dans une organisation puissante, leur montrer un
but aussi digne de tenter que capable de récompenser
leurs efforts : voilà la tâche assurément vaste, mais
non irréalisable dont on a cru pouvoir confier l'accomplissement à l'union de toutes les nations civilisées, se
donnant la main sur ce terrain commun.

Certes, même secondée comme elle doit l'être par
les grands courants d'idées qui emportent l'humanité
à notre époque, cette tâche sera encore longue et
laborieuse : mais aussi elle a des attraits particuliers
qui sauront soutenir les âmes et stimuler les sacrifices.
Quelle œuvre, en effet, remplit à un plus haut degré
toutes les conditions d'un succès populaire? Les travaux des voyageurs s'en allant à la découverte des
terres lointaines, bravant tous les périls, toutes les
souffrances, pour conquérir à la civilisation des champs
nouveaux, n'eurent-ils pas toujours le don d'exciter
la curiosité et l'admiration des masses? Quel récit
l'emporte en intérêt sur la relation de leurs héroïques
aventures? Quels transports d'enthousiasme accueillent

en tout pays leur heureux retour après quelque hardie et fructueuse campagne? Quel sentiment plus naturel que celui qui porte à s'associer à leurs efforts, à contribuer à leurs exploits? Ces impressions sont celles de tous les temps et de tous les lieux; elles ne sont pas propres aux savants qui suivent d'un œil attentif et anxieux chacun des pas des explorateurs : elles existent chez tous les esprits éclairés, ouverts aux idées généreuses, sympathiques aux vaillantes entreprises.

Or, quelle terre est plus capable de soutenir par ses merveilles les élans de l'imagination que cette immense Afrique, si près de nous par l'espace, à peine entrevue dans la succession des temps, où la nature s'est plu à accumuler toutes ses magnificences, à étaler toute la splendeur de ses contrastes, où, par une contradiction douloureuse, l'histoire enregistre, depuis des siècles, les pages les plus sinistres, les plus honteuses de ses annales? Car, et c'est là un trait caractéristique de cette belle œuvre, elle intéresse le cœur au moins autant qu'elle séduit l'esprit. Chaque progrès de la science sera ici un progrès de la justice; chaque barrière qui tombe annoncera que des chaînes se brisent, et nulle part la lumière ne sera à un tel degré la mère de la liberté, — la liberté dans son acception la plus humble mais aussi la plus sainte, celle qui se traduit par le droit élémentaire des peuples à l'existence, à la possession d'eux-mêmes, de leur travail et de leurs enfants.

Par quelque côté donc qu'on la prenne, l'entreprise

qui nous occupe remue de nobles fibres, suggère de grandes pensées. Que si, anticipant sur l'avenir, il était permis d'en contempler à l'avance le résultat total, quel spectacle ne s'offrirait pas aux yeux du savant comme de l'homme d'État! Dirigée avec unité dans les vues, avec ensemble dans les opérations, servie par d'abondantes ressources, l'exploration géographique des régions encore inconnues de l'Afrique sera terminée avant la fin de ce siècle. La génération actuelle ne disparaîtra pas sans avoir vu la carte totale du continent, sinon parfaite dans ses moindres détails, au moins fidèle dans ses traits généraux.

Les conquêtes de la civilisation auront suivi de près celles de la science. Les stations, après avoir été des points d'appui et de refuge pour les voyageurs, seront devenues des foyers de lumières, des centres d'autant de groupes de populations s'élevant par degrés, sous leurs auspices, à des conditions sociales d'un ordre supérieur. Les missions religieuses, aujourd'hui arrêtées aux côtes, auront pu pénétrer dans l'intérieur et répandre la semence de l'Évangile dans un sol qui leur promet plus que tout autre d'abondantes moissons. Sous l'influence combinée de ces forces civilisatrices, la Traite aura vu tarir ses sources; la diminution progressive de ses ravages, en accroissant la sécurité des indigènes, aura permis aux sociétés naissantes de l'Afrique centrale de se développer sans entraves. Grâce à l'établissement de relations commerciales étendues et lointaines, leur prospérité matérielle acquerrait bientôt une base large et stable. Avant cinquante ans d'ici, il ne serait pas impossible que l'Afrique fût devenue l'un

des grands marchés producteurs des matières premières
de l'industrie européenne; elle absorberait nécessairement alors, par un progrès parallèle, de notables quan-
tités de produits manufacturés. Bien des forces physiques ou morales, aujourd'hui sans emploi dans les
pays de l'Europe, auront pu trouver d'utiles et fécondes
applications sur cette terre nouvelle. Les efforts com-
binés de tant d'hommes de nationalité différente y
créeront entre les États du vieux monde un lien de
solidarité de plus, et dans son domaine agrandi,
l'humanité verra désormais concourir toutes les races
du globe à l'accomplissement de ses destinées.

Tel est, en substance, le tableau que l'histoire a
déjà partiellement retracé après la découverte de
l'Amérique et de l'Océanie; il peut se renouveler sous
nos yeux en Afrique, mais dans des conditions plus
complètes et plus dignes à la fois de la civilisation de
notre époque : sans être défiguré, ni par l'esprit de
conquête qui a été la source de tant de sanglantes riva-
lités, ni par les criminels excès dont les populations
indigènes furent, au xvie siècle, les malheureuses
victimes, ni par les erreurs économiques qui ont tant
de fois frappé de stérilité les plus riches dons de la
Providence.

Ces vues ne sont plus celles d'un petit nombre
d'hommes; elles se répandent de proche en proche et
gagnent rapidement les masses. C'est ce qui explique
l'écho sympathique qui a si promptement répondu de
tous les pays à l'initiative partie de Bruxelles. Déjà
l'Angleterre, l'Allemagne, la France, la Russie se sont

mises à l'œuvre. Des centres d'action se forment, en rapport avec la direction générale, chez les principaux peuples de l'Europe. Par la constitution dès à présent assurée des comités nationaux, la Conférence voit un élément essentiel de son programme se transformer en fait et les organes qu'elle a créés acquièrent un premier et indispensable instrument de leur exercice.

La Belgique — des symptômes significatifs en témoignent — tiendra à honneur de ne pas se laisser devancer dans cette carrière; elle ne restera au-dessous des autres nations ni par l'étendue des sacrifices qu'elle s'imposera pour donner à l'œuvre une large base matérielle, ni par le zèle soutenu qu'elle mettra à la servir et à la propager. Aucun élément ne lui fait défaut pour bien remplir sa tâche : elle possède la richesse, elle dispose de la science, elle a des hommes avides de répandre au dehors des énergies et des talents surabondants. Capable d'agir, la Belgique a tout intérêt de le faire; tandis qu'elle trouve en Afrique un vaste champ d'expansion qui sollicite son activité dans les directions les plus diverses, elle peut prendre en Europe une attitude qui ne sera pas sans quelque grandeur morale. De plus hautes considérations encore ne la trouveront pas indifférente; elle a, dans cette circonstance, des devoirs à remplir envers elle-même. Elle se souviendra des fières traditions de son passé, alors que sa bannière se déployait, sur terre et sur mer, à l'avant-garde des entreprises civilisatrices; elle ne laissera pas s'amoindrir entre ses mains la glorieuse mission que lui destine l'initiative de son Souverain;

elle n'oubliera pas surtout que les nations de l'Europe, en faisant de sa capitale le centre de leur action commune, lui donnent une preuve d'estime et de confiance, qu'un peuple généreux doit avoir à cœur de reconnaître.

APPENDICE

I

COMPOSITION DE LA CONFÉRENCE GÉOGRAPHIQUE

DE BRUXELLES

(12, 13 & 14 SEPTEMBRE 1876)

———◦◦◦◦◦———

LE ROI DES BELGES.

Membres :

Pour l'Allemagne :

MM. le baron DE RICHTHOFEN, président de la Société
de géographie de Berlin;
le Dʳ G. NACHTIGAL;
le Dʳ G. ROHLFS, conseiller de la cour de Prusse;
le Dʳ G. SCHWEINFURTH.

Pour l'Autriche-Hongrie :

MM. le baron DE HOFMANN, conseiller intime, ministre
des finances de l'Empire;
le comte ED. ZICHY, conseiller privé;

MM. le Dʳ F. DE HOCHSTETTER, conseiller de Cour, professeur à l'Institut supérieur des Arts et Manufactures, président de la Société de géographie de Vienne;

le lieutenant en 1ᵉʳ A. LUX.

Pour la Belgique :

MM. le baron A. LAMBERMONT, ministre plénipotentiaire, secrétaire général du ministère des Affaires Étrangères;

E. BANNING, directeur au ministère des Affaires Étrangères;

ÉMILE DE BORCHGRAVE, conseiller de légation;

A. COUVREUR, membre de la Chambre des représentants;

le comte GOBLET D'ALVIELLA, membre du Conseil provincial du Brabant;

E. JAMES, professeur à l'Université de Bruxelles;

E. DE LAVELEYE, professeur à l'Université de Liége;

J. QUAIRIER, directeur à la Société Générale;

CH. SAINCTELETTE, membre de la Chambre des représentants;

T. SMOLDERS, membre de la Chambre des représentants, professeur à l'Université de Louvain;

VAN BIERVLIET;

L. VANDEN BOSSCHE, conseiller de légation;

J. VAN VOLXEM.

Pour la France :

M. le vice-amiral, baron DE LA RONCIÈRE-LE NOURY, sénateur, président de la Société de géographie de Paris;

MM. Maunoir, secrétaire général de la Société de géographie de Paris ;

    H. Duveyrier, secrétaire adjoint de la Société de géographie de Paris ;

    le marquis de Compiègne.

Pour la Grande-Bretagne :

Sir Bartle Frere, vice-président du Conseil de l'Inde ;

Sir Rutherford Alcock, ministre plénipotentiaire, président de la Société de géographie de Londres ;

Le major-général sir Henry Rawlinson, membre du Conseil de l'Inde ;

Le contre-amiral sir Léopold Heath ;

Le lieutenant-colonel J.-A. Grant ;

Le commander Verney Lovett Cameron ;

M.-W. Mackinnon ;

Sir T. Fowell Buxton ;

Sir J. Kennaway ;

Sir Harry Verney.

Pour l'Italie :

M. le commandeur C. Negri, ministre plénipotentiaire.

Pour la Russie :

M. P. de Semenow, président du Conseil de statistique, vice-président de la Société de géographie de Saint-Pétersbourg.

Le bureau était composé ainsi :

Président : LE ROI DES BELGES.

Vice-présidents : MM. le baron DE RICHTHOFEN, président
de la Société de géographie
de Berlin;

le Dr F. DE HOCHSTETTER, président
de la Société de géographie
de Vienne;

le vice-amiral baron DE LA RON-
CIÈRE-LE NOURY, président de
la Société de géographie de
Paris;

Sir RUTHERFORD ALCOCK, président
de la Société de géographie
de Londres.

Secrétaires :   E. BANNING ;
E. JAMES.

II

DISCOURS PRONONCÉ PAR LE ROI

A L'OUVERTURE DE LA CONFÉRENCE

───◇─◇◇─◇───

Messieurs,

Permettez-moi de vous remercier chaleureusement de l'aimable empressement avec lequel vous avez bien voulu vous rendre à mon invitation. Outre la satisfaction que j'aurai à entendre discuter ici les problèmes à la solution desquels nous nous intéressons, j'éprouve le plus vif plaisir à me rencontrer avec les hommes distingués dont j'ai suivi depuis des années les travaux et les valeureux efforts en faveur de la civilisation.

Le sujet qui nous réunit aujourd'hui est de ceux qui méritent au premier chef d'occuper les amis de l'humanité. Ouvrir à la civilisation la seule partie de notre globe où elle n'ait point encore pénétré, percer les ténèbres qui enveloppent des populations entières, c'est, j'ose le dire, une croisade digne de ce siècle de progrès; et je suis heureux de constater combien le

sentiment public est favorable à son accomplissement;
le courant est avec nous.

Messieurs, parmi ceux qui ont le plus étudié
l'Afrique, bon nombre ont été amenés à penser qu'il y
aurait avantage pour le but commun qu'ils poursuivent
à ce que l'on pût se réunir et conférer en vue de
régler la marche, de combiner les efforts, de tirer parti
de toutes les ressources, d'éviter les doubles emplois.

Il m'a paru que la Belgique, État central et neutre,
serait un terrain bien choisi pour une semblable réunion et c'est ce qui m'a enhardi à vous appeler tous,
ici, chez moi, dans la petite Conférence que j'ai la
grande satisfaction d'ouvrir aujourd'hui. Ai-je besoin
de dire qu'en vous conviant à Bruxelles, je n'ai pas été
guidé par des vues égoïstes. Non, Messieurs, si la
Belgique est petite, elle est heureuse et satisfaite de son
sort; je n'ai d'autre ambition que de la bien servir.
Mais je n'irai pas jusqu'à affirmer que je serais insen-
sible à l'honneur qui résulterait pour mon pays de ce
qu'un progrès important dans une question qui mar-
quera dans notre époque fût daté de Bruxelles. Je
serais heureux que Bruxelles devînt en quelque sorte
le quartier général de ce mouvement civilisateur.

Je me suis donc laissé aller à croire qu'il pourrait
entrer dans vos convenances de venir discuter et pré-
ciser en commun, avec l'autorité qui vous appartient,
les voies à suivre, les moyens à employer pour planter
définitivement l'étendard de la civilisation sur le sol
de l'Afrique centrale; de convenir de ce qu'il y aurait
à faire pour intéresser le public à votre noble entreprise et pour l'amener à y apporter son obole. Car,

Messieurs, dans les œuvres de ce genre, c'est le concours du grand nombre qui fait le succès, c'est la sympathie des masses qu'il faut solliciter et savoir obtenir.

De quelles ressources ne disposerait-on pas, en effet, si tous ceux pour lesquels un franc n'est rien ou peu de chose, consentaient à le verser à la caisse destinée à supprimer la traite dans l'intérieur de l'Afrique?

De grands progrès ont déjà été accomplis, l'inconnu a été attaqué de bien des côtés; et si ceux ici présents qui ont enrichi la science de si importantes découvertes, voulaient nous en retracer les points principaux, leur exposé serait pour tous un puissant encouragement.

Parmi les questions qui seraient encore à examiner on a cité les suivantes :

1° Désignation précise des bases d'opération à acquérir, entre autres, sur la côte de Zanzibar et près de l'embouchure du Congo, soit par conventions avec les chefs, soit par achats ou locations à régler avec les particuliers;

2° Désignation des routes à ouvrir successivement vers l'intérieur et des stations hospitalières, scientifiques et pacificatrices à organiser comme moyen d'abolir l'esclavage, d'établir la concorde entre les chefs, de leur procurer des arbitres justes, désintéressés, etc.;

3° Création, l'œuvre étant bien définie, d'un comité international et central et de comités nationaux pour en poursuivre l'exécution, chacun en ce qui le concernera, en exposer le but au public de tous les pays et faire au sentiment charitable un appel qu'aucune bonne cause ne lui a jamais adressé en vain.

Tels sont, Messieurs, divers points qui semblent mériter votre attention; s'il en est d'autres, ils se dégageront de vos discussions et vous ne manquerez pas de les éclaircir.

Mon vœu est de servir comme vous me l'indiquerez la grande cause pour laquelle vous avez déjà tant fait. Je me mets à votre disposition dans ce but et je vous souhaite cordialement la bienvenue.

III

DÉCLARATION DE LA CONFÉRENCE

AU SUJET DES STATIONS

———————

Pour atteindre le but de la Conférence internationale de Bruxelles, c'est à dire : explorer scientifiquement les parties inconnues de l'Afrique, faciliter l'ouverture des voies qui fassent pénétrer la civilisation dans l'intérieur du continent africain, rechercher des moyens pour la suppression de la traite des Nègres en Afrique, il faut :

1° Organiser, sur un plan international commun, l'exploration des parties inconnues de l'Afrique, en limitant la région à explorer, à l'orient et à l'occident, par les deux mers, au midi par le bassin du Zambèze, au nord par les frontières du nouveau territoire égyptien et le Soudan indépendant. Le moyen le mieux approprié à cette exploration sera l'emploi d'un nombre suffisant de voyageurs isolés, partant de diverses bases d'opération;

2° Établir, comme bases de ces explorations, un certain nombre de stations *scientifiques et hospitalières,* tant sur les côtes de l'Afrique que dans l'intérieur du continent.

De ces stations, les unes devront êtres établies, en nombre très restreint, sur les côtes orientale et occidentale d'Afrique, aux points où la civilisation européenne est déjà représentée, à Bagamojo et à Loanda, par exemple. Les stations auraient le caractère d'entrepôts destinés à fournir aux voyageurs des moyens d'existence et d'exploration. Elles pourraient être fondées à peu de frais, car elles seraient confiées à la charge des Européens résidant sur ces points.

Les autres stations seraient établies sur les points de l'intérieur les mieux appropriés pour servir de bases immédiates aux explorations. On commencerait l'établissement de ces dernières stations par les points qui se recommandent, dès aujourd'hui, comme les plus favorables au but proposé. On pourrait signaler, par exemple, Ujiji, Nyangwe, la résidence du roi ou un point quelconque situé dans les domaines de Muata-Yamvo. Les explorateurs pourraient indiquer, plus tard, d'autres points où il conviendrait de constituer des stations du même genre.

Laissant à l'avenir le soin d'établir des communications sûres entre les stations, la Conférence exprime surtout le vœu qu'une ligne de communications, autant que possible continue, s'établisse de l'un à l'autre océan, en suivant approximativement l'itinéraire du commander Cameron. La Conférence exprime également le vœu que, dans la suite, s'établissent des lignes d'opération dans la direction Nord-Sud.

La Conférence fait appel dès aujourd'hui au bon vouloir et à la coopération de tous les voyageurs qui entreprendront des explorations scientifiques en Afrique, qu'ils voyagent ou non sous les auspices de la Commission internationale instituée par ses soins.

IV

RÉSOLUTIONS DE LA CONFÉRENCE

CONCERNANT LE SYSTÈME D'ORGANISATION

———oo૦ૢ૦ૢ૦o———

1. Il sera constitué une Commission internationale d'exploration et de civilisation de l'Afrique centrale, et des Comités nationaux qui se tiendront en rapport avec la Commission dans le but de centraliser, autant que possible, les efforts faits par leurs nationaux et de faciliter, par leur concours, l'exécution des résolutions de la Commission.

2. Les Comités nationaux se constituent d'après le mode qui leur paraîtra préférable.

3. La Commission sera composée des présidents des principales Sociétés de Géographie qui sont représentées à la Conférence de Bruxelles, ou qui viendraient à adhérer à son programme, et de deux membres choisis par chaque Comité national.

4. Le président aura la faculté d'admettre dans l'association les pays qui n'étaient pas représentés à la Conférence.

5. Le président aura la faculté de compléter la Commission internationale en y ajoutant des membres effectifs et des membres d'honneur.

6. La Commission centrale, après avoir fait son règlement, aura pour mission de diriger, par l'organe d'un Comité exécutif, les entreprises et les travaux tendant à atteindre le but de l'association et de gérer les fonds fournis par les Gouvernements, par les Comités nationaux et par des particuliers.

7. Le Comité exécutif sera constitué auprès du président et composé de trois ou quatre membres désignés préalablement par la Conférence actuelle et, plus tard, par la Commission internationale.

8. Les membres du Comité se tiendront prêts à répondre à l'appel du président.

9. Le président désigne un secrétaire général qui, par le fait même de sa nomination, deviendra membre de la Commission internationale et du Comité exécutif, ainsi qu'un trésorier.

V

CONGRÈS DE VIENNE

Déclaration des Plénipotentiaires des puissances qui ont signé le
traité de Paris du 30 mai 1814, relative à l'abolition de la traite
des Nègres d'Afrique ou du commerce des esclaves.

———◦◦◦◦———

Les Plénipotentiaires des puissances qui ont signé le
traité de Paris du 30 mai 1814, réunis en Conférence,
ayant pris en considération que le commerce connu
sous le nom de *Traite des Nègres d'Afrique* a été envisagé, par les hommes justes et éclairés de tous les
temps, comme répugnant aux principes d'humanité et
de morale universelle;

Que les circonstances particulières auxquelles ce
commerce a dû sa naissance et la difficulté d'en interrompre brusquement le cours ont pu couvrir jusqu'à
un certain point ce qu'il y avait d'odieux dans sa conservation; mais qu'enfin la voix publique s'est élevée
dans tous les pays civilisés, pour demander qu'il soit
supprimé le plus tôt possible;

Que, depuis que le caractère et les détails de ce commerce ont été mieux connus, et les maux de toute espèce qui l'accompagnent complétement dévoilés, plusieurs des Gouvernements européens ont pris en effet la résolution de le faire cesser, et que successivement toutes les puissances possédant des colonies dans les différentes parties du monde ont reconnu, soit par des actes législatifs, soit par des traités et autres engagements formels, l'obligation et la nécessité de l'abolir;

Que, par un article séparé du dernier traité de Paris, la Grande-Bretagne et la France se sont engagées à réunir leurs efforts au Congrès de Vienne pour faire prononcer, par toutes les puissances de la chrétienté, l'abolition universelle et définitive de la traite des Nègres;

Que les Plénipotentiaires rassemblés dans ce Congrès ne sauraient mieux honorer leur mission, remplir leur devoir et manifester les principes qui guident leurs Augustes Souverains, qu'en travaillant à réaliser cet engagement et en proclamant, au nom de leurs souverains, le vœu de mettre un terme à un fléau qui a si longtemps désolé l'Afrique, dégradé l'Europe et affligé l'humanité;

Lesdits Plénipotentiaires sont convenus d'ouvrir leurs délibérations sur les moyens d'accomplir un objet aussi salutaire, par une déclaration solennelle des principes qui les ont dirigés dans ce travail.

En conséquence, et dûment autorisés à cet acte par l'adhésion unanime de leurs Cours respectives au principe énoncé dans ledit article séparé du traité de Paris, ils déclarent, à la face de l'Europe, que, regardant

l'abolition universelle de la traite des Nègres comme
une mesure particulièrement digne de leur attention,
conforme à l'esprit du siècle et aux principes généreux
de leurs Augustes Souverains, ils sont animés du désir
sincère de concourir à l'exécution la plus prompte et
la plus efficace de cette mesure par tous les moyens à
leur disposition, et d'agir, dans l'emploi de ces moyens,
avec tout le zèle et toute la persévérance qu'ils doivent
à une aussi grande et belle cause.

Trop instruits toutefois des sentiments de leurs Souverains, pour ne pas prévoir que, quelque honorable que
soit leur but, ils ne le poursuivront pas sans de justes
ménagements pour les intérêts, les habitudes et les pré-
ventions même de leurs sujets, lesdits Plénipotentiaires
reconnaissent en même temps que cette déclaration
générale ne saurait préjuger le terme que chaque puissance en particulier pourrait envisager comme le plus
convenable pour l'abolition définitive du commerce
des Nègres : par conséquent, la détermination de
l'époque où ce commerce doit universellement cesser
sera un objet de négociation entre les puissances; bien
entendu que l'on ne négligera aucun moyen propre à
en assurer et à en accélérer la marche, et que l'engagement réciproque contracté par la présente déclaration entre les Souverains qui y ont pris part, ne sera
considéré comme rempli qu'au moment où un succès
complet aura couronné leurs efforts réunis.

En portant cette déclaration à la connaissance de
l'Europe et de toutes les nations civilisées de la terre,
lesdits Plénipotentiaires se flattent d'engager tous les
autres Gouvernements, et notamment ceux qui, en

abolissant la traite des Nègres, ont manifesté déjà les mêmes sentiments, à les appuyer de leur suffrage dans une cause dont le triomphe final sera un des plus beaux monuments du siècle qui l'a embrassée et qui l'aura si glorieusement terminée.

Vienne, le 8 février 1815.

Signé : CASTLEREAGH, STEWART, WELLINGTON, NESSEL-RODE, C. LOEWENHIELM, GOMEZ LABRADOR, PALMELLA, SALDANHA, LOBO, HUMBOLDT, METTERNICH, TALLEYRAND.

VI

CONGRÈS DE VÉRONE

Déclaration du 28 novembre 1822 sur l'abolition de la traite
des noirs.

———◇◦◇———

Les Plénipotentiaires d'Autriche, de France, de la
Grande-Bretagne, de Prusse et de Russie, réunis en
Congrès à Vérone;

Considérant que leurs Augustes Souverains ont pris
part à la déclaration du 8 février 1815, par laquelle les
puissances, réunies en Congrès à Vienne, ont proclamé,
à la face de l'Europe, leur résolution invariable de
faire cesser le commerce connu sous le nom de *Traite
des Nègres d'Afrique;*

Considérant de plus que, malgré cette déclaration et
en dépit des mesures législatives dont elle a été suivie
dans plusieurs pays et des différents traités conclus
depuis ladite époque entre les puissances maritimes, ce
commerce, solennellement proscrit, a continué jusqu'à
ce jour, qu'il a gagné en intensité ce qu'il peut avoir

perdu en étendue, qu'il a pris même un caractère plus odieux et plus funeste par la nature des moyens auxquels ceux qui l'exercent sont forcés d'avoir recours;

Que les causes d'un abus aussi révoltant se trouvent principalement dans les pratiques frauduleuses, moyennant lesquelles les entrepreneurs de ces spéculations condamnables éludent les lois de leur pays, déjouent la surveillance des bâtiments employés pour arrêter le cours de leurs iniquités, et couvrent les opérations criminelles dont des milliers d'êtres deviennent, d'année en année, les innocentes victimes;

Que les puissances de l'Europe sont appelées, par leurs engagements antérieurs autant que par un devoir sacré, à chercher les moyens les plus efficaces pour prévenir un trafic que déjà les lois de la presque totalité des pays civilisés ont déclaré illicite et coupable, et pour punir rigoureusement ceux qui le poursuivent, en contravention manifeste de ces lois;

Ont reconnu la nécessité de vouer l'attention la plus sérieuse à un objet d'aussi grande importance pour le bien et l'honneur de l'humanité et déclarent en conséquence, au nom de leurs Augustes Souverains,

Qu'ils persistent invariablement dans les principes et les sentiments que ces Souverains ont manifestés par la déclaration du 8 février 1815, — qu'ils n'ont pas cessé et ne cesseront jamais de regarder le commerce des Nègres comme un fléau qui a trop longtemps désolé l'Afrique, dégradé l'Europe et affligé l'humanité, et qu'ils sont prêts à concourir à tout ce qui pourra assurer et accélérer l'abolition complète et définitive de ce commerce.

Qu'afin de donner effet à cette déclaration renouvelée, leurs cabinets respectifs se livreront avec empressement à l'examen de toute mesure compatible avec leurs droits et les intérêts de leurs sujets pour amener un résultat constatant aux yeux du monde la sincérité de leurs vœux et de leurs efforts en faveur d'une cause digne de leur sollicitude commune.

Vérone, le 28 novembre 1822.

Signé : METTERNICH, LEBZELTERN, CHATEAUBRIAND, CARAMAN, FERRONAIS, WELLINGTON, HATZ-FELDT, NESSELRODE, LIEVEN, TATISCHEFF.

VII

DISCOURS PRONONCÉ PAR LE ROI

A LA SÉANCE D'INSTALLATION DU COMITÉ BELGE

TENUE LE 6 NOVEMBRE 1876, AU PALAIS DE BRUXELLES

MESSIEURS,

L'esclavage qui se maintient encore sur une notable partie du continent africain constitue une plaie que tous les amis de la civilisation doivent désirer de voir disparaître.

Les horreurs de cet état de choses, les milliers de victimes que la traite des noirs fait massacrer chaque année, le nombre plus grand encore des êtres parfaitement innocents qui, brutalement réduits en captivité, sont condamnés en masse à des travaux forcés à perpétuité, ont vivement ému tous ceux qui ont quelque peu approfondi l'étude de cette déplorable situation et ils ont conçu la pensée de se réunir, de s'entendre, en un mot, de fonder une association internationale pour mettre un terme à un trafic odieux, qui fait rougir notre époque, et pour déchirer le voile de ténèbres qui pèse encore sur cette Afrique centrale. Les découvertes, dues à de hardis explorateurs, permettent de dire, dès aujourd'hui, qu'elle est une des contrées les plus belles et les plus riches que Dieu ait créées.

La Conférence de Bruxelles a nommé un Comité de trois membres : sir Bartle Frere, le Dr Nachtigal et M. de Quatrefages, de l'Institut de France, pour mettre à exécution, d'accord avec le président et le secrétaire général, les déclarations et résolutions qu'elle a formulées comme suit[1].

La Conférence a voulu, pour se mettre de plus près en rapport avec le public, dont la sympathie fera notre force, fonder, dans chaque État, des comités nationaux. Ces comités, après avoir chacun désigné deux membres pour faire partie du Comité international, populariseront, dans leurs pays respectifs, le programme adopté.

L'œuvre a recueilli déjà en France et en Belgique des souscriptions importantes qui constituent pour nous une dette de reconnaissance vis à vis de leurs auteurs. Ces actes de charité si honorables pour ceux qui les ont accomplis stimulent notre zèle dans la mission que nous avons entreprise. Notre première tâche doit être de toucher le cœur des masses et, en croissant en nombre, de grouper nos adhérents dans une union fraternelle et peu onéreuse pour chacun, mais puissante et féconde par l'accumulation des efforts individuels et de leurs résultats.

---

[1] *Voir* le texte de ces documents à l'appendice, III et IV.

L'association internationale ne prétend pas résumer en elle tout le bien que l'on peut, que l'on doit faire en Afrique. Elle doit, dans les commencements surtout, s'interdire un programme trop étendu; soutenus par la sympathie publique, nous avons la conviction que si nous parvenons à ouvrir des routes, à établir des stations sur les lignes parcourues par les marchands d'esclaves, cet odieux trafic sera enrayé et que les routes et les stations, en servant de point d'appui aux voyageurs, aideront puissamment à l'évangélisation des noirs et à l'introduction, parmi eux, du commerce et de l'industrie moderne.

Nous affirmons hardiment que tous ceux qui veulent l'affranchissement de la race noire sont intéressés à notre succès.

Le Comité belge, émanation du Comité international et son représentant en Belgique, s'efforcera de procurer à l'œuvre le plus d'adhérents possible. Il aidera mes compatriotes à prouver une fois de plus que la Belgique est non seulement une terre hospitalière, mais qu'elle est aussi une nation généreuse où la cause de l'humanité trouve autant de défenseurs qu'on y compte de citoyens.

Je remplis un bien agréable devoir en remerciant cette assemblée et en la félicitant chaleureusement de s'être imposé une tâche dont l'accomplissement vaudra à notre patrie une belle page de plus dans les annales de la charité et du progrès.

VIII

ASSOCIATION INTERNATIONALE

POUR RÉPRIMER LA TRAITE & OUVRIR L'AFRIQUE CENTRALE

———◇◦◇◦◇———

STATUTS DU COMITÉ NATIONAL BELGE

———◆◆———

Art. 1ᵉʳ. Il est constitué à Bruxelles un Comité national chargé de poursuivre, en ce qui le concerne et dans les limites de la Belgique, l'exécution du programme de la Conférence internationale pour réprimer le commerce des esclaves et explorer l'Afrique.

Art. 2. Ce programme se résume, au point de vue du Comité belge, notamment dans les deux points suivants :

A. Vulgariser en Belgique, par la parole et la presse, les connaissances de toute nature se rapportant au but que l'Association internationale a en vue;

B. Organiser une souscription nationale et centraliser les ressources de toute espèce qui seront mises à sa disposition pour l'exécution du programme international.

Art. 3. Le Comité belge se compose des personnes qui ont accepté l'invitation de se rendre à la réunion de ce jour.

Art. 4. Le Comité désigne les membres de son bureau, qui se compose d'un président, de deux vice-présidents, de deux membres délégués qui représentent le Comité au sein de la Commission internationale, du secrétaire général et du trésorier du Comité exécutif, et d'un secrétaire adjoint.

Le bureau, s'il le juge convenable, pourra s'adjoindre deux membres suppléants.

En l'absence du président, chacun des vice-présidents est alternativement appelé à présider.

Art. 5. Le bureau aura le droit d'adjoindre aux membres actuels du Comité les personnes qui auront rendu à l'œuvre des services signalés et celles dont le concours lui serait particulièrement utile.

Le bureau représente le Comité belge dans les intervalles des réunions de celui-ci; il en est l'organe exécutif et peut être convoqué par le président chaque fois que cette mesure lui paraît opportune. Hors ces cas, le bureau se réunit réglementairement une fois au moins par mois au local de l'association. Le travail strictement administratif est délégué au secrétaire général et au trésorier, qui en réfèrent au président en tant qu'il est nécessaire.

Art. 6. La durée des fonctions du président, des vice-présidents et des deux membres délégués est de trois ans. Les titulaires sont rééligibles.

Le Comité nomme son secrétaire et son trésorier. Ils doivent avoir leur résidence habituelle à Bruxelles.

Les fonctions de président, de vice-président, de membre délégué, de secrétaire et de trésorier sont gratuites.

Le secrétaire reçoit les communications adressées au Comité; le trésorier, les fonds mis à la disposition du Comité.

De ces fonds, la partie que le bureau jugera strictement nécessaire aux dépenses du Comité national demeurera affectée à cette destination spéciale; le reste sera remis au trésorier de l'œuvre internationale qui en effectuera le placement et en tiendra les intérêts à la disposition du Comité exécutif international.

Art. 7. Les comités locaux qui viendraient à se constituer dans le pays seront, autant que possible, centralisés par province, sauf dans le Brabant où le Comité national en tient lieu. Ils se tiendront en rapports suivis avec le Comité national, dont ils reçoivent les instructions et auquel ils font mensuellement remise des fonds recueillis par leurs soins.

Art. 8. Le Comité national correspond, aux fins de l'œuvre, par l'intermédiaire de son bureau, avec les autorités publiques, les associations privées et les particuliers.

Art. 9. Le Comité national nomme deux membres de la Commission internationale. Le mandat de ces délégués a une durée de trois ans.; les titulaires sont rééligibles.

Art. 10. Dans l'exécution de sa mission, le Comité national s'enquiert des vues et se conforme aux instructions de la Commission internationale et du Comité exécutif avec lequel il se tiendra régulièrement en communication.

Art. 11. Le Comité national se réunit à Bruxelles sur la convocation de son président.

Art. 12. Les membres du Comité national contribuent à l'œuvre par une cotisation annuelle selon leur convenance ou par un travail se rapportant au but commun.

Art. 13. Chaque année, le 1er mars, le Comité se réunit en assemblée solennelle et publique à l'effet de recevoir le rapport du secrétaire général et du trésorier, de s'occuper de tout ce qui peut être utile à l'œuvre et de répandre les notions relatives à la mission qu'il poursuit et aux progrès réalisés par l'Association internationale.

Art. 14. Un exemplaire de toutes les publications qui viendraient à être faites, soit par la Commission internationale, soit par le Comité exécutif, soit par le Comité national, sera transmis, par les soins de ce dernier, à chacun de ses membres. Des exemplaires seront mis également à la disposition des comités provinciaux.

Art. 15. Le Comité national pourra décerner des diplômes d'honneur et des médailles aux personnes qui, au sein comme au dehors de l'Association, auront rendu à l'œuvre des services exceptionnels. La remise de ces diplômes et médailles aura lieu, chaque année, à la séance solennelle et publique prévue par l'article 13.

Art. 16. Le Comité national pourra introduire dans les dispositions réglementaires des présents statuts telles modifications dont l'expérience ferait reconnaître l'utilité et qui seraient en harmonie avec les déclarations et les résolutions de la Conférence de Bruxelles.

Lu et adopté dans la séance du 6 novembre 1876.

IX

COMPOSITION

DU

COMITÉ NATIONAL BELGE

Président : S. A. R. LE COMTE DE FLANDRE.

Vice-présidents : MM. le baron D'ANETHAN, ministre
d'État, sénateur.

H. DOLEZ, ministre d'État, sénateur.

Membres délégués à la Commission internationale :

MM. le baron LAMBERMONT, ministre plénipotentiaire,
secrétaire général du ministère des Affaires
Étrangères.

le général LIAGRE, commandant de l'École militaire, secrétaire perpétuel de l'Académie.

Secrétaire : M. le baron GREINDL, ministre plénipoten-
    tiaire.

Trésorier : M. GALEZOT, sous-directeur au ministère des
    finances.

Membres :

MM. le major ADAN, commandant en second de l'École
    de guerre.

ANSPACH, représentant, bourgmestre de Bruxelles.

le comte Charles d'ASPREMONT-LYNDEN, membre du
    conseil provincial de la province de Namur.

BANNING, directeur au ministère des Affaires
    Étrangères.

BISCHOFFSHEIM, sénateur.

BRACONIER, sénateur.

DE CANNART D'HAMALE, sénateur.

le baron Constantin DE CATERS, armateur.

COUVREUR, représentant.

CROMBEZ, représentant, bourgmestre de Tournai.

DE BECKER, avocat à la Cour de cassation.

Em. DE LAVELEYE, professeur à l'Université de
    Liége.

DELLOYE-MATHIEU, bourgmestre de Huy.

DE RONGÉ, conseiller à la Cour de cassation.

GHEELAND, membre du conseil provincial de la
    province d'Anvers.

le comte GOBLET D'ALVIELLA, membre du conseil
    provincial de la province du Brabant.

HOUZEAU, directeur de l'Observatoire, membre de
    l'Académie.

MM. James, professeur à l'Université de Bruxelles.

le colonel baron F. Jolly, commandant de l'École de guerre.

le baron Kervyn de Volkaersbeke, représentant.

Lefebvre, représentant.

Leclercq, avocat à la Cour de cassation.

Lemmé, ancien membre de la Chambre de commerce d'Anvers.

Linden, naturaliste, consul général.

le baron de Montblanc, représentant.

Orban de Xivry, sénateur.

le comte d'Oultremont de Warfusée, membre du conseil provincial de la province de Liége.

Parmentier, industriel.

Picard, président du conseil provincial de la province du Brabant.

Quairier, directeur à la Société générale.

Sabatier, représentant.

Sadoine, directeur des établissements de John Cockerill, à Seraing.

Sainctelette, représentant.

Saint-Paul de Sinçay, directeur-gérant de la Société de la Vieille-Montagne.

Schollaert, représentant.

Smolders, représentant.

Solvyns, sénateur.

Trasenster, professeur à l'Université de Liége.

Van Beneden, professeur à l'Université de Louvain, membre de l'Académie.

Van Biervliet, avocat.

MM. Van den Bossche, conseiller de légation, chef du cabinet du ministre des Affaires Étrangères.

Vander Stichelen, ancien ministre des Affaires Étrangères et des Travaux Publics.

Van Hoegaerden, directeur à la Banque nationale.

Van Schelle, avocat.

Van Volxem, propriétaire.

Warocqué, représentant.

le baron Gustave de Woelmont, sénateur.

le baron Gustave Van dé Woestyne, sénateur.

FIN.

EN VENTE

CHEZ LES MÊMES ÉDITEURS

—◇—

Catlin (G.). Die Indianer Nord-Amerika's und die während eines acht-jährigen Aufenthalts unter den wildesten ihrer Stämme erlebten Abenteuer. Nach der fünften englischen Ausgabe deutsch bearbeitet von Prof. Dr HEINRICH BERGHAUS.

Cuendias (Emanuel von). SPANIEN UND DIE SPANIER, ihre Sitten, Trachten, Volkssagen, Legenden und Kunstdenkmäler, 2. Ausgabe. Ein prachtvoller Band Royal 8. mit sehr vielen Holzschnitten im Text, 24 Platten in Tondruck und 24 Aquarellen.

Du Graty (Alfred), *ministre du Paraguay à Berlin.* LA CONFÉDÉ-RATION ARGENTINE. In-8° avec un grand nombre d'illustrations, de cartes, plans, portraits, etc., 2e édition, reliée.

— LA RÉPUBLIQUE DU PARAGUAY. 2e édition. Grand in-8° orn. d'un grand nombre de magnifiques grav., cartes et plans.

Monuments d'architecture et de sculpture en Belgique, dessins d'après nature, lithographiés en plusieurs teintes, accompagnés de notices historiques et archéologiques, par F. STAP-PAERTS. Publié sous le patronage de *LL. MM. la Reine des Belges et l'Impératrice du Mexique.* 2 vol. grand in-folio contenant 60 planches à l'aquarelle.

Müller (Dr Wolfgang). DAS RHEINBUCH, Landschaft, Geschichte, Sage, Volksleben. Ein prachtvoll ausgestatteter Band in Royal 8, mit Holzschnitten im Text, 17 Platten in Tondruck und 8 Aquarellen in reich vergoldetem englischen Einbande.

Poorten (Arved). Tournée artistique dans l'intérieur de la Russie. In-16.

Rhin (le) monumental et pittoresque. Cologne à Mayence. Aquarelles d'après nature, lithographiées en plusieurs teintes, par MM. FOURMOIS, LAUTERS et STROOBANT, texte par M. L. HYMANS, *membre de la Chambre des représentants.* Publié sous le patronage de *S. A. R. madame la princesse de Prusse.* 1 vol. gr. in-folio contenant 30 planches à l'aquarelle.

Rhin (le) monumental et pittoresque. Francfort à Constance. Aquarelles d'après nature, lithographiées en plusieurs teintes, par F. STROOBANT, avec un texte descriptif par L. HYMANS. Publié sous le patronage de *S. A. R. madame la grande-duchesse de Bade.* 1 vol. grand in-folio contenant 24 planches à l'aquarelle. (*Suite de l'ouvrage précédent.*)

Steur (Ch.), *membre de l'Académie royale de Belgique.* Ethnographie des peuples de l'Europe avant Jésus-Christ ou Essai sur les nomades de l'Asie, leurs migrations, leur origine, leurs idées religieuses, leurs caractères sociaux, etc. Etude mise en rapport avec les mœurs principales des nations européennes de race gréco-latine, germanique et slave. 3 vol. gr. in-8° avec cartes géog. et tabl. de lexicographie hindou-européenne. 1872.

Thamner (E.). Six semaines dans l'Atlas. Notes d'un touriste. In-16.

Vanderkindere (Dr). Recherches sur l'ethnologie de la Belgique. In-8°.

Vossen. Carte des chemins de fer en Belgique.

www.ingramcontent.com/pod-product-compliance
Lightning Source LLC
Chambersburg PA
CBHW050015100426
42739CB00011B/2653

* 9 7 8 2 0 1 2 6 7 5 8 9 6 *